外 国 人 眼 中 的 中 国 人

东邦伟人
曾国藩

〔日〕紫山川崎三郎——著

王纪卿——译

山西出版传媒集团　山西人民出版社

图书在版编目（CIP）数据

东邦伟人曾国藩 /（日）紫山川崎三郎著；王纪卿译. -- 太原：山西人民出版社，2018.10
ISBN 978-7-203-10454-4

Ⅰ. ①东… Ⅱ. ①紫… ②王… Ⅲ. ①曾国藩（1811-1872）—人物研究 Ⅳ. ① K827=52

中国版本图书馆 CIP 数据核字 (2018) 第 128071 号

东邦伟人曾国藩

著　　者：〔日〕紫山川崎三郎
译　　者：王纪卿
责任编辑：崔人杰
复　　审：贺　权
终　　审：秦继华
装帧设计：小徐书装

出 版 者：山西出版传媒集团·山西人民出版社
地　　址：太原市建设南路 21 号
邮　　编：030012
发行营销：0351-4922220　4955996　4956039　4922127（传真）
天猫官网：http://sxrmcbs.tmall.com　电话：0351-4922159
E - m a i l：sxskcb@163.com　发行部
　　　　　　sxskcb@126.com　总编室
网　　址：www.sxskcb.com

经 销 者：山西出版传媒集团·山西人民出版社
承 印 厂：山东新华印务有限责任公司

开　　本：710mm×1000mm　1/16
印　　张：15.75
字　　数：223 千字
印　　数：1—5000 册
版　　次：2018 年 10 月　第 1 版
印　　次：2018 年 10 月　第 1 次印刷
书　　号：ISBN 978-7-203-10454-4
定　　价：48.00 元

如有印装质量问题请与本社联系调换

译者的话

在我研究湘军史的二十余年中，《东邦伟人曾国藩》是我所知的两部由外国人撰写的曾国藩传记之一，而且是出版年代最早的一部。此书问世于1903年，即清光绪二十九年，是与曾国藩大约同时代的日本记者紫山川崎三郎的作品。该书的出版，距离日本明治维新和曾国藩去世只有短短的三十余年，因此是以近代文明的观念，贴近时代解读曾国藩其人的一部难得的传记作品。谨以此书的第一个中译本，献给曾国藩诞辰二百周年。

从这部作品的内容和结构看来，作者对中国清末军政巨擘曾国藩有清晰而深入的了解。很难找到一本传记作品，能以区区二十余万字的篇幅，提纲挈领、层次分明、简洁明了地全面揭示一个伟大人物的生平、事功、学术、教养和为人处世之道，令读者轻松地徜徉于字里行间，掩卷之后，对传主能有囊括整体而又细致入微的印象。紫山川崎三郎做到了这一点。因此，本书的难得之处，不仅在于作者对传主的深入研究，也在于其具有结构文章、讲述故事和表达思想的高超技巧。

川崎先生将此书分为上下两卷，其上卷述写曾国藩从出生到去世的生平与功业，下卷介绍其家庭、教育、修养、学术、交友，由此两大层面构成伟人的巨像。而在此两卷中又分章分节，以大量具有概括性、提示性和启发性的小标题，来标示正文的内容与思想，犹如讲师为学生标示课程重点，读来明快而便于理解消化，又易于记忆，与当今网络上流行的微博体裁有所类似。本书就像是围绕同一题材而撰写的微博之集合，但是其条分缕析、结构有致，则是微博所远不能及的。

作者采用了所谓心理历史学的手法，在叙述曾国藩的生平事迹时，以其本人所做的诗歌，生动地表现了传主的心理活动与情感状态。这在传记作品中是很难办到的。若非作者对传主的文学素养和诗歌创作做过深入的研究，根本不可能进行如此精到的心灵剖析。由此一斑，可窥全豹。我们有理由相信，作者提供的这部传记，是值得一读的信史。

将中外历史人物进行有趣的类比，是外国作者为中国人写传时常有的特色。川崎先生对曾国藩的评价，正是以中外对比为基础。他不仅以日本明治维新时期的名人西乡南洲、大久保甲东等人为参照物，而且以西方国家的大人物如华盛顿、俾斯麦等人作为标杆，使读者对于曾国藩其人在世界范围内的历史高度，会有一个大致的了解。

紫山川崎三郎的职业是记者，在中日甲午战争期间，曾作为随军记者到过中国，对于中国晚清的历史事件和人物做过颇为深入的研究。其专著除本书以外还有多部，其中的《日清战史》记载了大量第一手的史料，专家们认为，对于研究中日战史是不可多得的资源。他在日本明治维新之后的知识界中是一个颇有代表性的人物。他的这些著作，使他达到了历史学家的高度，出版后影响颇广。因此可以说，阅读了这部《东邦伟人曾国藩》，我们便有可能看到曾国藩其人在日本近代知识界眼中的映像。

本书旁征博引，随处可见作者从曾国藩的奏疏、书信、诗文和日记中撷取的精华，但由于作者没有标明引文的出处，无法根据原书出处校对而正误，译者只能根据岳麓书社 1985 年出版的《曾国藩全集》来校对，又发现两者有诸多未能吻合之处，于是以《曾国藩全集》为标准，对本书中的引文做了订正。特此说明。

译者水平所限，译文错讹之处在所难免，恳望读者不吝赐教，以俾重印或再版时改正，在此先致谢忱。译者联系方式为：电子邮箱，7000901@qq.com；QQ 号，7000901。

王纪卿

2011 年 8 月 27 日星期六

于长沙听雨轩

东邦伟人卷序

中华之为国，四百二十一万五千方里（此处当为日本的方里。中国面积为九百六十万平方千米。——译注），人口四亿余万，土地肥沃，物产繁阜，治民兴富，何为不成，何行不遂！苟有大英雄出，则世界遂不能压之；大英雄不出，则为世界赌场矣。紫山川崎三郎君曾游中华，历禹域，超长城，察其壤土之肥饶，物产之繁殖，而问其内治，则纪纲紊乱，士气消沉，因慷慨悲愤，追慕曾国藩之为人，著东邦伟人一卷，论曾氏经世之功绩之有可取，载李少荃之言曰：曾氏之为人，临事谨慎，似诸葛亮，而宏度则过矣；发谋决策类陆贽，而阅历艰难则过矣；沉重笃实肖司马光，而战功勋业则过矣。呜呼，此三人者为汉唐宋之一大伟人，而曾氏一身兼之，岂不大英雄乎。川崎君评为东方华盛顿，非诬言也。夫中华与我为同文，为唇齿，余愿复生大英雄若曾国藩者，压倒世界××，则非特中华帝国之为幸，亦我神州之幸也。

明治三十六年（1903 年）四月

古香秋月种树撰

题词

洞庭南去蛰龙蟠，维岳降神亦盖棺。

戎马关山烽火急，君臣社稷水鱼难。

文章一代庐陵正，人物千秋诸葛完。

笔下英雄呼不起，定知邻局壮心寒。

明治癸卯佛生后二日

宁斋主人弍

东邦伟人序

　　前十年，鸡林八道之风云是急。乃为东亚百年之计者，岂能无所动其心乎哉。明治六年，故西乡南洲先动其心，固是已。余闻曾国藩亦忧之。而其门下有李鸿章，能自承云。当此时，予与紫山川崎三郎共在京城，其讲亚细亚经纶之策也尚矣。果逢日清之役，而输赢之决也，李鸿章乃奉命下马关求成焉。予将归，先谓紫山曰：绝继废兴者，固王者之业也。故宜以雅量宏怀待之，又能资焉以为东亚百年之计也。紫山曰：可矣。既至，乃见外务大臣陆奥福堂，以献，皆不用。予于是不绝喟然叹曰：恨无雄才伟略若南洲者也，咨千载一机亦已失矣。鸿章还，又多事。既而露扼辽东，英踞威海卫，山东、云南则独、佛也。噫，危矣。吾每思清朝一机之变，至东亚百年之计，未尝不慷慨愤激，眦裂发竖也。虽然畏友紫山向著南洲传，今又著国藩传，予于是知其非偶然也。顾国藩之虑固及焉，而或贻谋未尽也。鸿章失坠亦可悲矣。吁，欲起二大俊杰于九原，以为东亚百年之长计，得乎。不如与紫山语之。以质于紫山，紫山笑而不言，不知予言果能当其意否。姑书以为序。

明治三十六年（1903 年）五月下浣

涛山冈本柳之助撰

目 录
CONTENTS

第一章　大经世家

◇时艰忆伟人　◇华盛顿、俾斯麦、加里波第　◇大经世家的本领　◇东方的华盛顿　◇李鸿章对曾国藩的评价　◇中华帝国建设伟业集大成者在哪里

时艰忆伟人

"时艰忆伟人"，这不仅是诗人的感慨。我曾游历禹域，看到其版图广大，山河秀丽，土地肥沃，物产丰富，也看到人民的状况；然而举目四望，纪纲废弛，霸图消沉，满目悲凉，所谓"正气扫地山河羞"；目击现状，也曾慨然浩叹。回国后，与客人把酒而谈，论及东方局势，历数近世俊杰，每每想见曾涤生国藩的高风亮节，巍然高耸，超立于物表，不得不追忆其人。

华盛顿、俾斯麦、加里波第

华盛顿是世界第一流的经世家，俾斯麦也是第一流的经世家，加里波第也是第一流的经世家。曾国藩与华盛顿、俾斯麦、加里波第相比，虽然性格各异，但就其格局和人格而言，绝不在他们之下，不会下居于第二流的经世家。请看华盛顿统率义兵，抗击英军，终于完成创建美国的伟业；曾国藩则提领湘勇，立下戡定太平军的大功。俾斯麦辅佐威廉一世，披甲从戎，伐奥挫法，完成统一德意志联邦的大业；加里波第奉维托里奥·埃马努埃莱皇帝之命，扫荡内乱，开启意大利中兴的隆运；曾国藩则网罗胡林翼、左宗棠、李鸿章、曾国荃、沈葆桢、彭玉麟等一批俊杰，平粤、平捻、平回，统一西

曾国藩不似杀人未见血决不罢休的铁血宰相俾斯麦，也不似龙蛇之略、虎豹之机、出没无常、手腕灵活的加里波第；他持心光明磊落、皎如日月，知人之明，任人之度，用人之才，容人之量，火眼洞识，综合大观，把持经纶的大纲，鄙视空文，看重实践，无一语涉虚，无一步踏空，规模宏远，思虑周透，大事不糊涂，小事无渗漏，大节义，大文章，大学问，敬天爱民，忠于职守，至诚如神。曾国藩的确可谓有世界级大经世家的大本领。

方人所谓"严格意义的中国"，亦即中国本土的十八行省，功勋卓著。如此看来，曾国藩的格局力量未必输给华盛顿、俾斯麦、加里波第，可以见诸中华帝国建设的伟业。

华盛顿崛起，开拓美国独立的天地，伟则伟矣，也无非代表富有自由自主精神的国民，摆脱母国的羁縻；俾斯麦崛起，成就德意志帝国的霸业，大则大矣，也无非追随前所未有的英主，率领勇武的精兵，继承腓特烈大王的遗国；加里波第崛起，创建意大利中兴的基业，壮则壮矣，也无非趁列国风云际会，投机取巧，玩弄外交手腕的结果。曾国藩则不然，上无明君英主，下无国民后援，中则无自居大宰相的权力，左支右绌，群小猜疑，立于其中，只手担当，建立拨乱反正的大功。虽有建设帝国的大经纶、大抱负，却不得付诸实施，非其力量规模不如那三位伟人，而是因为时势不得已之故。

大经世家的本领

曾国藩不似杀人未见血决不罢休的铁血宰相俾斯麦，也不似龙蛇之略、虎豹之机、出没无常、手腕灵活的加里波第；他持心光明磊落、皎如日月，知人之明，任人之度，用人之才，容人之量，火眼洞识，综合大观，把持经纶的大纲，鄙视空文，看重实践，无一语涉虚，无一步蹈空，规模宏远，思虑周透，大事不糊涂，小事无渗漏，大节义，大文章，大学问，敬天爱民，忠于职守，至诚如神。曾国藩的确可谓有世界级大经世家的大本领。

东方的华盛顿

若论理想之崇高，品性之高洁，器宇之宏阔，胸襟之极度光明，曾国藩与华盛顿正在伯仲之间。因此，曾国藩是东方国家的华盛顿。

李鸿章对曾国藩的评价

我曾向李少荃（李鸿章）打听曾国藩的为人，他说："其临事谨慎，动应绳墨，而成败利钝有所不计，似汉臣诸葛亮，然遭遇盛时，建树宏阔，则又过之；其发谋决策，应物应务，下笔千言，穷尽事理，似唐臣陆贽，然涉历诸艰，亲尝甘苦，则又过之；其无学不窥，默究精要，而践履笃实，始终一诚，似宋臣司马光，然百战勋劳，阅世变，则又过之。"

曾国藩几乎是诸葛亮、陆贽、司马光合而为一的人物，他的人格结合了以上三个时代的人物优点，宛若云中之龙，无以亲近。李少荃的评价，可谓千古铁案。

中华帝国建设伟业集大成者在哪里

如今东方正气郁屈，长久不得发泄。昆仑山巍巍，也无法遏止"斯拉夫"人种的侵入；扬子江水滔滔不绝，也挡不住"盎格罗－撒克逊"民族的进逼；何况清政府长夜之梦未醒，四亿民众昏昏于醉生梦死之中。呜呼！时当今日，谁能再造东亚乾坤，成就帝国建设大业？我俯仰古今，目击清国衰运，不得不眷眷于曾国藩其人。

第二章　政治生涯

◇个人生活与政治生活　◇三朝历任，一大异彩　◇曾国藩的伟大
在于他是经世家与国士　◇未能发挥本领的原因

个人生活与政治生活

曾国藩的个人生活并无绚烂夺目的伟观，而只有苍老稳重的光景；其政治生涯未必如李鸿章一般变化多端，波澜起伏，趣味盎然，也无一段功名赫赫的历史，但也绝非淡泊无色。他的事业，自然成为中华帝国的精神。

曾国藩生于嘉庆十六年辛未十月（1811年），死于同治十一年壬申二月（1872年）。考察其政治生涯，于道光十八年戊戌（1838年）进士及第；七次迁升而任礼部侍郎，历任工部、刑部、吏部侍郎；咸丰二年壬子（1852年）任江西正考官，时值太平军大乱，临危受命，办理湖南团练；咸丰五年（应为四年——译者注）甲寅（1854年）因收复武昌之功，授署理湖北巡抚，但固辞未就，被授予兵部侍郎衔；咸丰五年乙卯（1855年）任兵部侍郎；咸丰十年庚申（1860年）四月授兵部尚书衔，出任署理两江总督，同年六月任两江总督、钦差大臣，督办江南军务；咸丰十一年辛酉（1861年）因克复安庆之功叙太子少保衔，授予节制江苏、安徽、江西、浙江四省的全权；同治元年壬戌（1862年）成为协办大学士；同治三年甲子（1864年）以戡定太平天国之功叙太子太保衔，赐一等世袭侯爵，赏戴双眼花翎；同治四年乙丑（1865年）任钦差大臣，督办直隶、山东、河南三省军务，剿讨捻军；同治五年丙寅（1866年）因病辞职，回到两江总督本任；同治七年戊辰（1868

年）闰四月，升武英殿大学士，同年六月任直隶总督，从金陵进京，驻节保定府；同治九年庚午（1870 年）主持天津教案谈判，为御史弹劾辞职；同年七月转任两江总督，死于任地。

三朝历任，一大异彩

曾国藩的政治生涯，其间三十五年，历任三朝。他倾注半生精力，成就拨乱反正的大业。这是曾国藩生涯的一大异彩。

曾国藩的伟大在于他是经世家与国士

曾国藩得以发挥他的大本领，是因太平天国之乱所促成；但他本领的伟大，不在于他是一名军人，不在于他担任了将帅，而在于他是一位政治家、经世家，在于他是一位国士。

未能发挥本领的原因

两江总督、直隶总督的官位虽重，曾国藩身为大宰相却未能掌控天下枢机，所以他虽有赫赫的军功武勋，却因此而无法建立政治功业，未能充分发挥本领。

第三章　湖南

◇潜德不耀　◇湖南的形胜　◇正气发泄的中心　◇遍征十八行省　◇以忠诚为天下倡　◇一人之精神即四亿人之精神

潜德不耀

冲岳去地四千一十丈，其隔接周络，约千数百里，湘水出其下，源洁而流长，洞庭汇长江，东入于海，其气庞鸿峻固，渟蓄激溥一泄之，于人命世哲辅生其间，或百年或数百年一见，顾其气，犹未甚昌也。距今，乃笃生我湘乡相国一等毅勇侯曾公。公宅湘之上流，结庐衡山麓，世积儒素，潜德不耀。

这就是蒋春元笔下曾国藩的故乡！

湖南的形胜

湖南属于古荆州之地，三代之时，还是蛮烟瘴雨之乡。楚国兴起后，拓地五千里，称霸一方。它完全属于内地，是在秦取百粤设郡县之时。湖南西南部的边疆之地，苗瑶各族往往杂处山谷之间，编氓相伍。今日仍然有若敖、蚡冒的遗风。而其地形东至江西，南界广东、广西，西接贵州，北连湖北，其面积为二十一万一千八百平方千米。其人口一千八百六十五万二千。《广兴记》记载道："自武昌至江陵，东通吴会，西连巴蜀，南极潇湘，北控关

　　富厚堂，又名毅勇侯第，原称八本堂，取曾国藩"读书以训诂为本，诗文以声调为本，事亲以得欢心为本，养生以少恼怒为本，立身以不妄语为本，居家以不晏起为本，作官以不要钱为本，行军以不扰民为本"的家训，后曾纪泽据《后汉书》"富厚如之"而改现名。

　　富厚堂虽不胜豪华，然曾国藩得知修屋花钱七千串而为之骇叹，他在同治六年二月初九日的日记中写道："是日，接腊月廿五日家信，知修整富厚堂屋宇用钱共七千串之多，不知何以浩费如此，深为骇叹！余生平以起屋买田为仕宦之恶习，誓不为之。不料奢靡若此，何颜见人！平日所说之话全不践言，可羞孰甚！屋既如此，以后诸事奢侈，不问可知。大官之家子弟，无不骄奢淫逸者，忧灼曷已！"

洛，人皆知荆湖之险。"曾国藩则写道："自古大江南北有事，必争此上游形势。"这都是通透实际的描述，道尽了湖南的地理形势。

爱新觉罗氏崛起于长白山下，统一中国四百余州，建立起一个新的大帝国，产生不世出的明君英主，如太祖、太宗、圣祖、高宗，谋臣如猛云之雨，前后辈出，翼赞其霸业；而长江一带上下数千里地方人才寥寥无闻，难道是天地的正气消磨已尽，无所剩余？衡山之秀，湘水之深，洞庭之奇，云梦之大，依然无异于旧时，英雄豪杰之士却久未出于其间。

正气发泄的中心

康熙、乾隆的帝业，传到嘉庆、道光手中，逐渐衰败，满洲八旗文弱娇柔，犹如妇人女子；满洲大官无能无为，无异于木偶；政纲紊乱，威信扫地；世道荆棘，天下茅苇；大江南北，群雄割据，四百余州有如裂爪，湖南才产生了一位大伟人，天地正气发泄于长江之间，而其正气发泄的中心不问可知，便是曾国藩其人。

遍征十八行省

在宋朝的时候，周茂淑讲学于濂溪，远溯圣源，阐明天地大道，海内风响，圣学由是而兴。但是，自元明以至清初，湖南并未听说出什么巨人。直到曾国藩崛起，则探寻圣学本源，为国家而将圣学用于事业，湖南从此人才辈出，所谓"以一县之人遍征十八行省"，可见这并非偶然的现象。

《湘军记》有如下记载：

> 粤匪捻回既诛，余威震殊俗，北慑乌桓，南渡台澎越裳，西北涉流沙，达乌孙，西南暨于阗葱岭，武功之隆，近古罕觏，然而总其成者，湘乡曾文正公国藩也。

以忠诚为天下倡

上面的说法虽然稍有夸张，但是团结湖南人来挽回清国的颓运，发泄天地的正气，这份功劳不可不归因于曾国藩的崛起。

然而，湖南为什么能够人才辈出，成为国家的元气？曾国藩解说道：

当其负羽远征，乖离骨肉；或苦战而授命，或邂逅而戕生；残骸暴于荒原，凶问迟而不审；老母寡妇，望祭宵哭；可谓极人世之至悲。然而前者覆亡，后者继往；蹈百死而不辞，困厄无所遇而不悔者，何哉？岂皆迫于王事，逐风尘而不返与？亦由前此死义数君子者为之倡，忠诚所感，气机鼓动，而不能自已也。

君子之道，莫大乎以忠诚为天下倡；世之乱也，上下纵于亡等之欲，奸伪相吞，变诈相角，自图其安而予人以至危，畏难避害，曾不肯捐丝粟之力以拯天下。得忠诚者，起而矫之，克己而爱人，去伪而崇拙；躬履诸艰而不责人以同患；浩然捐生，如远游之还乡而无所顾悸。由是众人效其所为，亦皆以苟活为羞，以避事为耻。呜呼！吾乡数君子所以鼓动群伦，历九州而戡大乱，非拙且诚者之效与？亦岂始事时所及料哉！

一人之精神即四亿人之精神

须知清朝自咸丰以来，天下人才，辈出湖南，固然是基于所谓循环的道理，但也是因为曾国藩倡率天下，鼓舞士气。呜呼！一国以一人而兴，曾国藩一人的精神，就是湖南一千八百万人的精神，其实也是中国四亿人的精神！

第四章　进士及第

曾国藩的抱负

"平生企高遐，力微不自量。树德追孔周，拯时俪葛亮。又兼韩欧技，大言足妖妄。"

这是曾国藩青年时代的抱负。

登龙门

男儿立世，当然不能没有德追周孔、功凌管葛的抱负，但若要施展抱负，必须先占好位置；而要占好位置，则必须去登龙门，应科举。科举虽然不是容纳英雄的地方，但在清朝的中国，平时除了科举以外，就没有获取功名的余地，如果不去应科举，就不得不甘于终身不遇。于是曾国藩在青年时代，与通常中国人的出身相同，汲汲于做好应科举的准备。

县试

曾国藩十六岁应县试，取为佾生。县试是最初的考试，就学的童生在本籍州县参加考试。考试分为几段，由县官考察。第一段要写以四书为题的作文，五言六韵排律，到了开试时间，乐手奏乐，炮手发炮；第二段要写以五经为题的作文；第三段、第四段也要按照出题写诗作文；到了第五段，县官预设筵席，在场内宴请应试者。取为第一等者称为"案首"。

科试

曾国藩经过县试以后，去应科试，补了县学生员。这是道光十三年癸巳（1833 年），他此年二十三岁。所谓科试，就是学政召集其管下的生员以及已经府县试过的童生加以检验的考试，其考试成绩分为六等，分别升降。曾国藩的父亲曾麟书四十三岁时才得以补了县学生员，曾国藩则在二十三岁就补上了。由此可见，他的学识到这时已经超出一般人。

乡试

道光十四年甲午（1834 年），曾国藩应乡试，中了举人。乡试是将管下生员召集到该省首府举行的考试，又称"贡举"。其考试分为三段，历时八天，题目又都是四书五经、诗及策问。考试官是皇帝特派的钦差，考场事务由巡抚或总督监管，唯有顺天府由皇帝钦定。考试中试的称为"举人"，第一名称为"魁元"。中试者都叫"副贡生"。

会试

翌年乙未，曾国藩去应会试，榜上无名，留在北京。道光十八年戊戌（1838 年）又应会试，中榜，取为贡士。会试是在乡试之后的第二年三月份举行的考试，全国的举人用官费旅行，聚集于京城。考业由礼部管辖，考试官为大学士、尚书等官员，稽察大臣为亲王、大学士、都统等官员。其中试的发榜，也就是登第告示，由皇帝特命钤榜大臣来执行。中试者称为"贡士"。

殿试

曾国藩在会试中试的下一个月参加了殿试，进士及第，取为一甲第二名，授翰林院庶吉士。殿试是在会试同一年四月二十一日召集全国贡士于保和殿由皇帝亲自举行，由两名大学士、各部尚书、侍郎内选取六人任阅卷大臣，

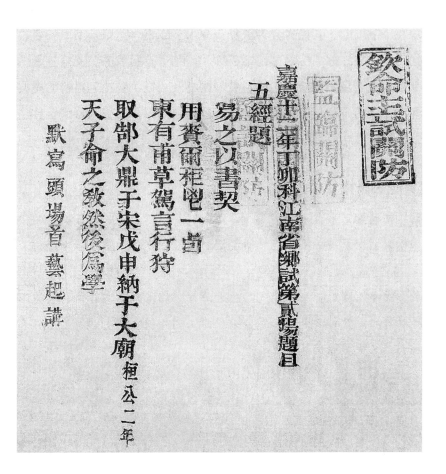

嘉庆十二年丁卯科江南省乡试第二场题目。乡试是将管下生员召集到该省首府举行的考试，又称"贡举"。其考试分为三段，历时八天，题目又都是四书五经、诗及策问。考试官是皇帝特派的钦差，考场事务由巡抚或总督监管，唯有顺天府由皇帝钦定。考试中试的称为"举人"，第一名称为"魁元"。中试者都叫"副贡生"。

即副考官。领侍卫内大臣率銮仪卫兵守卫宫门。考试只有一段，题目称为"制策"。开试时，大学士奉上制策的题目，授给礼部尚书，颁给贡士。制策有数条，要一一条对书写，书写有格式，一画之误就不得中选。每条限三百字，全文须在千字以上。其优劣分为三种：一甲、二甲、三甲。一甲三名，第一称"状元"，第二称"榜眼"，第三称"探花"，赐予进士及第。其他无定员，都赐进士出身。发榜仪式有引见、赐宴及金银、簪花、银两的恩赐，待遇优渥。在清朝，这是人生荣誉的极点。进士及第，为曾国藩踏上仕途的第一步，也是从来功成名就的立足之地。

乙未岁暮杂感诗

曾国藩进京，在道光十年（1830 年）甲午之交，翌年乙未参加会试，没有中榜，留在京城，不懈地钻研经史。《乙未岁暮杂感诗》写道：

去年此际赋长征，豪气思屠大海鲸。湖上三更邀月饮，天边万岭挟舟行。竟将云梦吞如芥，未信君山剗（铲）不平。偏是东皇来去易，又吹草绿满蓬瀛。

韶华弹指总悠悠，我到人间廿五秋。自愧望洋迷学海，更无清福住糟邱。尊前瓦注曾千局，脚底红尘即九州。自笑此身何处著，笙歌丛里合闲游。

为臧为否两蹉跎，搔首乾坤踏踏歌。万事拼同骈拇视，浮生无奈茧丝多。频年踪迹随波谲，大半光阴被墨磨。匣里龙泉吟不住，问予何日斫蛟鼍。

诗中可见曾国藩雄志落落，奇气摇斗牛，这就是他当年的本色。

辛丑杂诗

曾国藩还有《道光辛丑杂诗》一首，写道：

早岁事铅椠，傲兀追前轨。张纲挈陬维，登山造岌嶪。述作窥韩愈，功名邺侯拟。三公渺如稊，万金眇如屎。肠胃郁千奇，不敢矜爪觜。稍待兰蕙滋，烈芬行可喜。岂期挝驽骀，前驱不逾咫！滔滔大江流，年光激若矢。春秋三十一，颓然亦如此。染丝不成章，橘迁化为枳。壮盛百无能，老苍真可耻。樗散吾所甘，多是惭毛里。

抱负伟大，志望宏远

由此可知，曾国藩抱负伟大，志望宏远，不满足于区区眼前的虚名与虚荣。

第五章　谠议

◇京官　◇立朝謇愕　◇转移风化之本　◇剀议切论　◇俨然社稷
之重臣　◇盛德亮节

京官

宣宗道光二十一年辛丑（1841年），曾国藩授国史馆编修。道光
二十三年癸卯（1843年）授四川正考官，赴任四川，不久补翰林院侍讲。
十一月返京，授文渊阁校理，第二年甲辰（1844年）授翰林院侍读。道光
二十五年乙巳（1845年）擢翰林院侍讲学士。道光二十七年丁未（1847年）
授内阁学士兼礼部侍郎衔。道光二十九年己酉（1849年）授礼部右侍郎，
不久署理兵部右侍郎。道光三十年庚戌（1850年）宣宗驾崩，文宗登基后，
曾国藩署理工部左侍郎，不久署理兵部左侍郎。咸丰元年辛亥（1851年）
署理刑部左侍郎。咸丰二年壬子（1852年）署理吏部左侍郎，未几，任江
西主考官。

立朝謇愕

《湘军记》中写道：

> 国藩官京秩，以理学文章著，立朝謇愕，有大臣之言，中外想望。

据此可以想见当时曾国藩是怎样的人物。

文宗即位之初，下诏求言，曾国藩陈述行政用人的意见。他在《应诏陈言疏》中写道：

> 臣窃维用人、行政，二者自古皆相提并论。独至我朝，则凡百庶政，皆已著有成宪，既备且详，未可轻议。今日所当讲求者，惟（唯）在用人一端耳。方今人才不乏，欲作育而激扬之，端赖我皇上之妙用。大抵有转移之道，有培养之方，有考察之法。三者不可废一。

接着，他论及人才萎靡的弊端：

> 以臣观之，京官之办事通病有二，曰退缩，曰琐屑。外官之办事通病有二，曰敷衍，曰颟顸。退缩者，同官互推，不肯任怨，动辄请旨，不肯任咎是也。琐屑者，利析锱铢，不顾大体，察及秋毫，不见舆薪是也。敷衍者，装头盖面，但计目前割肉补疮，不问明日是也。颟顸者，外面完全，而中已溃烂，章奏粉饰，而语无归宿是也。有此四者，习俗相沿，但求苟安无过，不求振作有为，将来一有艰巨，国家必有乏才之患。

转移风化之本

其次，曾国藩论及皇帝以身作则是转移风化的根本：

> 臣考圣祖仁皇帝登极之后，勤学好问，儒臣逐日进讲，寒暑不辍；万寿圣节，不许间断；三藩用兵，亦不停止；召见廷臣，辄与之往复讨论。故当时人才济济，好学者多。至康熙末年，博学伟才，大半皆圣祖教谕而成就之。今皇上春秋鼎盛，正与圣祖讲学之年相似。臣之愚见，欲请俟二十七月后，举行逐日进讲之例。四海传播，人人响风。召见臣工，与之从容论难，见无才者，则勖之以学，以

痛惩模棱罢软之习；见有才者，则愈勖之以学，以化其刚愎、刻薄之偏。十年以后，人才必大有起色。一人典学于宫中，群英鼓舞于天下。其几在此，其效在彼，康熙年间之往事，昭昭可观也。以今日之萎靡因循，而期之以振作；又虑他日更张偾事，而泽之以《诗》《书》。但期默运而潜移，不肯矫枉而过正。盖转移之道，其略如此。

再次，他又论及人才培养之道：

所谓培养者，约有数端，曰教诲，曰甄别，曰保举，曰超擢。堂官之于司员，一言嘉奖，则感而图功；片语责惩，则畏而改过。此教诲之不可缓也。榛棘不除，则兰蕙减色；害马不去，则骐骥短气。此甄别之不可缓也。嘉庆四年、十八年，两次令部院各保司员，此保举之成案也。雍正年间，甘汝来以主事而赏人参，放知府；嘉庆年间，黄钺以主事而充翰林，入南斋。此超擢之成案也。盖尝论之，人才譬之禾稼，堂官之教诲，犹种植耘耔也；甄别则去稂莠也；保举则犹灌溉也；皇上超擢，譬之甘雨时降、苗勃然兴也。

论及培养之道后，又论考察的方法：

臣之愚见，愿皇上坚持圣意，借奏折为考核人才之具，永不生厌斁之心。涉于雷同者，不必交议而已；过于攻讦者，不必发钞而已。此外则但见其有益，初不见其有损。人情狃于故常，大抵多所顾忌，如主德之隆替，大臣之过失，非皇上再三诱之使言，谁肯轻冒不韪？如藩臬之奏事，道员之具折，虽有定例，久不遵行，非皇上再三迫之使言，又谁肯立异以犯督抚之怒哉？臣亦知内外大小，群言并进，即浮伪之人，不能不杂出其中。然无本之言，其术可一售，而不可以再试，朗鉴高悬，岂能终遁！方今考九卿之贤否，但凭召见之应对；考科道之贤否，但凭三年之京察；考司道之贤否，但凭督抚之考语。若使人人建言，参互质证，岂不更为核实乎？臣所谓考察之法，其略如此。

剀议切论

曾国藩如此剀议切论，言辞凿凿，切中时弊。其后，文宗临筵，召集儒臣，至于开逐日进讲之例，都是因为嘉纳了曾国藩的献言。曾国藩同时又上疏论及君道，即《敬陈圣德三端预防流弊疏》，其中写道：

> 臣窃观皇上生安之美德，约有三端。而三者之近似，亦各有其流弊，不可不预防其渐。请为我皇上陈之。
>
> 臣每于祭祀侍仪之顷，仰瞻皇上对越肃雍，跬步必谨，而寻常莅事，亦推求精到，此敬慎之美德也。而辨之不早，其流弊为琐碎，是不可不预防。

这一段论及谨慎小事、疏忽大事的弊端。又写道：

> 夫所谓国家之大计，果安在哉？即如广西一事，其大者在位置人才，其次在审度地利，又其次在慎重军需。

这一段论及决不应忽视广西乱兆的原因，以及不拘泥于其细节，要从宏观上解决困难的根本原因。其下又写道：

> 又闻皇上万几之暇，颐情典籍；游艺之末亦法前贤，此好古之美德也。而辨之不细，其流弊徒尚文饰，亦不可不预防。

这一段论及为什么不可忽视赏罚黜陟，以及不可不体察舆论的焦点。又写道：

　　曾国藩的《敬陈圣德三端预防流弊疏》论及君道，上疏中言：臣窃观皇
上生安之美德，约有三端。而三者之近似，亦各有其流弊，不可不预防其渐。
请为我皇上陈之。

　　臣每于祭祀侍仪之顷，仰瞻皇上对越肃雍，跬步必谨，而寻常莅事，亦
推求精到，此敬慎之美德也。而辨之不早，其流弊为琐碎，是不可不预防。

> 黜陟者，天子一人持之；是非者，天子与普天下人共之。宸衷无纤毫之私，可以谓之公，未可谓之明也。必国人皆曰贤，乃合天下之明以为明矣。

俨然社稷之重臣

以上的说议争论，足以耸动朝野的耳目。论者以为："明良一德，非公之孤忠不能陈此说言，非圣主之优容不能纳此荩言也。"由此可知，曾国藩当时规模悠远，俨然有社稷重臣的风格。

以下为李瀚章（李少荃之兄）所言：

> 公早践清华，屡司文柄，学问赅博，议论忠荩，负海内重望。

郭松林则说：

> 公自侍从陟乡贰，时方承平，大都进退雍容，歌咏和乐，公独抑然深思，以天下安危为己任，密勿所告，忧公如私，宇内想望其风采。

李宗义写道：

> 我中堂夫子，早入翰林，以文章学问名天下。及游历乡贰，条陈时政，皆切中事宜。识者始知公非独词臣而已。

盛德亮节

李鸿章对曾国藩推重备至，他的评价未必是溢美之词：

> 始公官京师，首以圣德、亮节、高文、硕学伏天下。

第六章　曾国藩与时代

◇庚子杂感诗　◇拿破仑霸业没落后欧洲的局面　◇英国与海
上权力　◇大清国的隆盛期　◇户部剩余金七千余万两　◇内忧
之兆　◇《南京条约》　◇纪纲衰弛，国力疲惫　◇群盗会匪思
乱　◇咸丰帝　◇简练军实的奏疏　◇时势的健儿

庚子杂感诗

　　碣石逶迤起阵云，楼船羽檄日纷纷。螳螂竟欲当车辙，髋髀安
能抗斧斤？但解终童陈策略，已闻王歙立功勋。如今旅梦应安稳，
早绝天骄荡海氛。

　　以上是道光庚子那年曾国藩感慨时事寄予其友郭筠仙（郭嵩焘）的一首
诗，因为曾国藩进入翰林之际，正是清朝衰乱之时，曾国藩慨然以忧国为自
任，绝非偶然。

拿破仑霸业没落后欧洲的局面

　　曾国藩出生于嘉庆辛未之岁（1811年），当时拿破仑的霸业已达于顶峰。
第二年有莫斯科战役，法军大败，拿破仑皇帝的霸业俄顷落地。1814年，
反拿破仑四国同盟（英俄普奥）成立，下一年瓜分欧洲的维也纳会议召开，
奥地利大臣梅特涅与沙皇亚历山大一世控制的神圣同盟成立。

英国与海上权力

作为反动和平政策的结果，欧洲均势的基础得以建立，时间正值曾国藩出生；也是在这个时候，作为欧陆和平的结果，英国扩张海上权力的版图，逐渐在东方占据雄飞的位置。

大清国的隆盛期

大清国的隆盛期，在康熙、雍正、乾隆三代达到巅峰，而衰乱的发端则是在嘉庆初年。圣祖（康熙帝）即位以后，足以平定平西王吴三桂、平南王尚之信、靖南王耿精忠的叛乱，于是以云、贵、川、湖、闽、粤、陕、浙、江西等省为战场，年收入中损失三分之一，一时开了以捐款换取官位等级的先例，三年间仅得二百万两银子，由此可以想象当时国内的疲弊。

户部剩余金七千余万两

然而，康熙帝其后绥服蒙古，亲征准噶尔，康熙六十年（1731年），户部的余款达到八百万两，雍正年间积累至六千余万两，由此可知其富强是与军功武略分不开的。世宗（雍正帝）时，因前后两征厄鲁特，开销了大半余款。高宗（乾隆帝）初年，户部余款减至二千四百余万两。而高宗在一代之间稳定四疆，征战廓尔喀，平定大小金川，六巡江南，在乾隆四十一年（1776年），户部余款有七千余万两。乾隆四十六年（1781年），户部余款有七千八百万两，该年可谓清朝的极治和极盛了。

内忧之兆

高宗在位六十年之久（1736—1795年），其版图的扩展比雍正年间翻了一倍，近邻诸国的宾服超过了康熙时代，而且文物制度灿然，呈现出中国历史上几乎未曾有过的美观。然而盛极衰之始，乾隆末年纪纲渐弛，有湖南、贵州的红苗之变，内忧前兆渐显。到了仁宗（嘉庆）之时，白莲教蔓延五省，前后九年，虽然逐渐加以平定，但军费已耗费二亿两银子。海寇蔡牵安盘踞南方，蹂躏两广闽浙之地，至嘉庆十五年方始平定。又，天理教李文成、林清之辈骚扰山东、直隶地方，陕西也有箱贼之警。民心乖离，已现大乱渐将发生之兆。

《南京条约》

仁宗崩，宣宗（道光帝）即位，有张格尔之乱，官军大举苦战七年之久，得以渐渐平定。但举朝醉生梦死，地方总督、巡抚也不得其人，粉饰太平，贪一日苟安，不留心国家的前途。而道光十六年以后，发生了处理鸦片的问题。道光十九年己亥（1839年），林则徐任钦差大臣，奔赴广东，焚毁英商的鸦片，第二年即道光二十年庚子（1840年），中英两国的和平交往因此而破裂，所谓的鸦片战争爆发，清军连战连败。道光二十二年壬寅（1842年）签署《南京条约》，约定中国给英国割让香港，并开放上海、厦门等港口，赔款六百万两白银，作为被焚鸦片赔偿金。这段时间，正值曾国藩进士及第，步入翰林。

纪纲衰弛，国力疲惫

《南京条约》签字批准的正式交换，于道光二十三年癸卯（1843年）在香港举行，虽然暂时缔结了和平局面，但是纪纲衰弛、国力疲敝、兵备废颓的真相，逐渐暴露出来。

群盗会匪思乱

汉族社会的士民不得志于当世，不甘永远雌伏于草莽，煽动群盗会匪，思乱之人接踵而起。到了道光末年，果然见到洪秀全的崛起。而北京政府上无英君明主，下无名宰贤相，文恬武嬉，毫无猛省之兆。

咸丰帝

宣宗崩，文宗（咸丰帝）立。曾国藩深忧国家的前途，屡次上疏，论及大计，提出振肃纲纪，举贤才，修兵备。

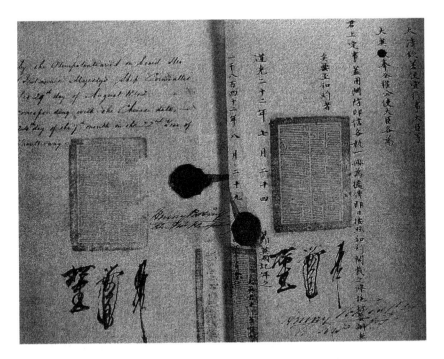

《南京条约》中英文约本接缝处，两国代表［清政府钦差大臣耆英、英国全权代表璞鼎查（Sir Henry Pottinger）］签字、用印情形：红色火漆上印有大英帝国国徽。

简练军实的奏疏

例如，咸丰元年辛亥（1851年）的《简练军实疏》（亦名《议汰兵疏》——译者注），可见其意见之一斑。这份奏疏首次指出：天下大患，在于国用不足，兵伍不精。

兵伍之情状，各省不一……大抵无事则游手恣睢，有事则雇无赖之人代充，见贼则望风奔溃，贼去则杀民以邀功。章奏屡陈，谕旨屡饬，不能稍变锢（痼）习。

至于财用之不足，内外臣工，人人忧虑。自庚子以至甲辰，五年之间，一耗于夷务，再耗于库案，三耗于河决，固已不胜其浩繁矣。乙巳以后，秦、豫两年之旱，东南六省之水，计每岁歉收，恒在千万以外。又发帑数百万以赈救之。天下财产安得不绌？宣宗成皇帝每与臣下言及开捐一事，未尝不咨嗟太息，恨宦途之滥杂，悔取财之非计也。

曾国藩进而论及乾隆十七年（1752年）增兵一事是兵饷多寡的一大转机，而裁汰兵员则是当务之急。

医者之治疮疤，甚者必剜其腐肉而生其新肉。今日之劣弁羸兵，盖亦当量为简汰以剜其腐者，痛加训练以生其新者。不循此二道，则武备之弛，殆不知所底止。自古开国之初，恒兵少而国强。其后兵愈多，则力愈弱；饷愈多，则国愈贫。北宋中叶，兵常百二十五万，南渡以后养兵，百六十万，而军益不竞。明代养兵至百三十万，末年又加练兵八十万，而屡弱日甚。我朝神武开国，本不借绿营之力。康熙以后，绿营屡立战功，然如三藩、准部之大勋，回疆、金川之殊烈，皆在四十六年以前。至四十七年增兵以后，如川、楚之师，英夷之役，兵力反远逊于前。则兵贵精而不贵多，尤为明效大验也。……近者广西军兴，纷纷征调外兵，该省额兵二万三千，士兵一万四千，闻竟无一人足用者。粤省如此，他省可知。言念及此，可胜长虑。

曾国藩由此而论及裁军之后军队的训练方法，请皇帝亲自举行大阅兵：

若夫训练之道，则全视乎皇上精神之所属。臣考本朝以来大阅之典，举行凡二十余次。或于南苑，或于西厂，或于卢沟桥、玉泉山，天弧亲御，外藩从观，军容一肃，藩部破胆。自嘉庆十七年至今，不举大阅者四十年矣。凡兵以劳而强，以逸而弱。承平日久，京营之兵既不经战阵之事，又不见搜狩之典，筋力日懈，势所必然。伏求皇上于三年之后，行大阅之礼，明降谕旨，早示定期。练习三年，京营必大有起色。外省营伍，势难遽遍，求皇上先注意数处，物色将才，分布天下要害之地。但使七十一镇之中有十余镇可为腹心，五十余万之中有十余万可为长城，则缓急之际，隐然可恃。天子之精神一振，山泽之猛士云兴，在我皇上加意而已。

曾国藩的话说得痛快淋漓，足以搅破满朝太平的昏梦。而文宗未能采纳曾国藩的忠言，未能断然革新政治，振整兵备，所以未能防止大乱将起的局面。

时势的健儿

曾国藩当年在述怀诗中写道：

蜓雨蛮烟日日催，侧身周望重低徊。海滨膏血深无极，帐下笙歌自莫哀。安得贾生时痛哭，可怜杨仆本庸才。投章欲问茫茫意，何处通天尚有台？

经国济民之志，慨世伤时之泪，写在这五十六个字之中，可见曾国藩也是时势的健儿！

第七章　曾国藩与洪秀全

◇科名久滞青云路　◇风云际会好时机　◇洪秀全的兴起　◇暗合历代英雄之模型　◇用宗教作为手段　◇博爱主义，平等主义　◇目的在于中国革命　◇多野心，乏雄略；多权术，乏德量　◇洪秀全为名而起，曾国藩为义而起

科名久滞青云路

曾国藩入翰林之后，历任礼部、兵部、刑部、吏部的侍郎，于咸丰二年壬子（1852年）任江西正考官，但仍未找到施展抱负的舞台。因为嘉庆以来，满洲皇室威德渐衰，纪纲废颓，但北京政府的政权执掌者依然为满人，汉人不论如何有才，也无法占据执政者的位置，所以曾国藩这样的命世之才也不得志，有可能终老于簿书堆里。当时，他有述怀之句："科名久滞青云路，身手难扶赤日轮。"

风云际会好时机

时事如此，曾国藩怎会无端遭遇风云飞跃的好时机呢？

洪秀全的兴起

他的时机所在，就是清朝革命的风云健儿、太平天国领袖洪秀全的兴起。我在记述曾国藩的功业之前，不可不先对洪秀全其人略加考察。

洪秀全是何等人物？据《平定粤匪传略》与《湘军记》等属于官军的史

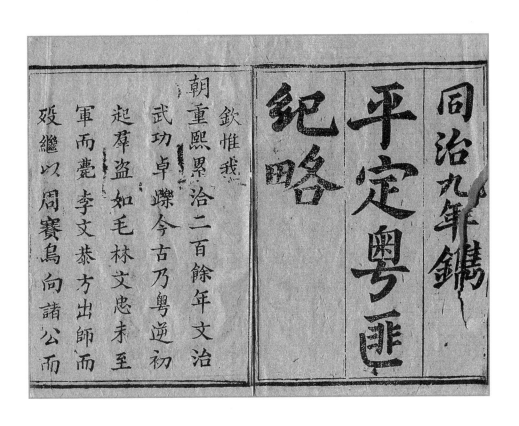

同治九年鐫

平定粵匪紀略

欽惟我

朝重熙累洽二百餘年文治
武功卓躒今古乃粵逆初
起羣盜如毛林文忠未至
軍而薨李文恭方出師而
歿繼以周賽烏向諸公而

《平定粤匪纪略》一书叙事起自道光三十年六月洪秀全于金田村起义，迄同治三年九月幼天王洪天贵福于江西被俘，叙述清军镇压太平军的经过，剿杀太平军有战功，谕令封赏官爵，抚恤等事。

传记载，都说他是无赖汉，是盗魁，是逆首，一概加以排斥。然而这恐怕是以成败事迹论英雄，不符合真实的情况。

暗合历代英雄之模型

洪秀全是广东省广州府花县人氏，生于嘉庆十七年壬申（1812 年），即曾国藩出生后的一年。据史传称，洪秀全天资豪迈，胸有大志，躯干肥大，略通文学，兼稍解英语。父亲洪田游，母亲名均，都已早逝。他自幼贫寒，以算命为业，广游江湖。在此期间，通晓人情世态，结纳天下同志甚多。由此可见，洪秀全的性情与行为在很多地方巧合了中国历代英雄的模型。

用宗教作为手段

广东风气由来开放，英中贸易自东印度公司设立时起就在这里进行，中英的纠纷与冲突也是在这里一变为炮火，因此广东人较早了解泰西的情况。而且，作为鸦片战争的结果，清廷结城下之盟，向英国割让香港，此后西方文物东渐之势更加剧烈，仅隔一衣带水的广东人耳濡目染，比较之下，不甘于固陋卑屈，又见满清政府苟且偷安，腐败日甚，感慨失措；而洪秀全自少小阅读诗书，无疑也是目击这种形势而对时事不满的一人。在这段时间里，他以演卜为业，周游四方，察知天命人心的趋向，预见到革命的不可避免。于是他利用天主教暗中笼络人心，开展自己的事业。

洪秀全笼络人心，主要是利用天主教。这对于以儒教作为社会道德原则的中国上流社会而言，难免会遭到排斥，但对感化下层社会，无疑有其效力。据史传记载：

> 广东人朱九涛唱天主教，称之为上帝会，又称三点会，徘徊于广西广东之间。时洪秀全与其同乡之友人冯云山同往，从朱九涛受教数年，大有所觉。洪秀全乃自称天主教会之教师，于道光十六年丙申（1835 年）与冯云山共入广西省浔州府桂平县山中之鹏化山，窃聚其徒，以弘其教。

　　道光二十年庚子（1840年）以来，广东广西各地多甚苦于凶荒饥馑，当时清廷不能救恤之，桂平县之豪族曾王珩屡奋力散资买谷施之，赈济贫民。曾王珩延洪秀全为师，屡于自邸招待之，与其子弟共聆其教，终举其门族及附近之民为热心同教之信徒。其教义大旨以"万民平等""四海兄弟"为主，一切人类皆天父之子，彼此互为同等，互为兄弟。而信此教，笃信上帝，遵守此教，便可免灾。又上帝之名叫耶火华，耶稣为上帝之长子，洪秀全为其次子。入会之人，不问何人，其男子互称兄弟，女子互称姊妹。

　　此时洪秀全之妹婿萧朝贵为广西武宣县人，家住桂平，与杨秀清为邻，以故洪秀全终得与杨秀清相结纳。杨秀清为广东嘉应州人，迁居广西桂平县之大黄江，世以种山烧炭为业。杨秀清初名嗣龙，至洪秀全约为兄弟之时改为今名。为人跌荡不羁，精悍而好奇计，终为洪秀全之谋臣。广西桂平县人韦昌辉，广东和平县人石达开，家住广西贵县，入同教，二人家产富有，以之献赀，以助洪秀全之志，俱成为其亲信。由是远近望风入教会者甚多，洪秀全乃与冯云山、杨秀清、萧朝贵等人共同密谋，制作上帝之真言及宝诰，以之传播于世上。此为道光廿七年丁未（1847年）之交。

博爱主义，平等主义

　　嘉庆初年，有人在洪秀全之前倡乱，有王三槐，有刘之协，有林清，或借白莲教，或借天理教，都能以宗教笼络人心。洪秀全将天主教当作革命的利器，也不过是承袭了他们的故智。但他不依赖中国陈腐的宗教，而利用天主教，提倡博爱主义、平等主义，以此笼络人心，其着眼有不同于其他倡乱者之处。而他网罗以冯云山、萧朝贵、杨秀清、韦昌辉、石达开为首的其他英伟奇杰之士，其雅量洪度，也实不可与那些群盗会匪的枭雄同日而语。

目的在于中国革命

　　洪秀全以耶稣笼络人心的本来目的，在于对清政府发动一场大革命。

从中国三千年来的历史和二十三朝革命的事例来看，洪秀全不亚于曹孟德、孙仲谋、苻坚、石勒或高欢、宇文泰之流，总之不失为亚洲英雄的样板。

多野心，乏雄略；多权术，乏德量

然而，洪秀全未能以其革命的宣言堂堂正正令天下震动，观其所为，野心多而乏雄略，权术多而乏德量，而又缺乏靖难殉国的忠诚。这就是他霸业垂成而不能成的原因。

洪秀全为名而起，曾国藩为义而起

而曾国藩以大义为名分，为国家，为生民，高举双手，招募义兵而戡定动乱。所以，洪秀全是为名而起，曾国藩则是为义而起。一败一成谓之势，然而难道没有天道存在于其间吗？

就政治谋略而论，洪秀全占据金陵而拥有江南的财富，拥有控制天下的势头，其着眼固然很好；但他在占据金陵之后，徒贪虚荣，而没有进一步北伐，没有拿出扫荡清政府的策略，足可见其规模之小。结果他被曾国藩看穿了破绽，终致失败，这也是天命使然吧！

第八章　湘军建设

◇团练乡勇　◇八旗兵的懦弱　◇太平天国建立　◇满洲藩阀之弊　◇防御方略　◇罗泽南　◇兵志改革的基础

团练乡勇

当洪秀全兴起之时，曾国藩作为江西正考官，路过安徽省太湖县，接到母亲江太夫人的讣告而奔丧，返回湘乡，所以没有从军。但官军连败，大江南北群盗蜂起，清廷诏令时任湖南巡抚的张亮基，派曾国藩团练湖南的兵勇。曾国藩以身居母丧为由固辞不应，但接受郭嵩焘及其弟曾国荃的劝告，墨经出山，团练乡勇。这就是所谓征募性的义勇民兵之一种，即著名"湘军"的建设。而湘军建设的规模化，就是后来统一四百余州的基业。

八旗兵的懦弱

清廷起初任命前任云贵总督林则徐为钦差大臣，令他征讨太平军，但林则徐在赴任途中病逝，清廷又任命前任两江总督李星沅为钦差大臣，而李星沅也于咸丰元年辛亥（1851年）因病在军中去世。清廷又任命大学士赛尚阿为钦差大臣征讨太平军。赛尚阿迁延失机，因其无功，清廷再派两广总督徐广缙为钦差大臣，这是咸丰三年癸丑（1853年）正月之事。八旗兵懦弱不足用的事实，人们在此时也看得更加明白了。

钦命帮办湖南团防查匪事务前任礼部右侍郎曾国藩劝谕捐输告示。此
告示是曾国藩于咸丰三年（1853）在湖南衡州督办水师时颁发的劝捐告示。

太平天国建立

洪秀全的势头极其旺盛，咸丰元年辛亥（1851年）正月，大军推进到广西省的中部，攻陷永安州，自建国号，称"太平天国"，洪秀全自称天王，杨秀清封东王，萧朝贵封西王，冯云山封南王，石达开封翼王，韦昌辉封北王，洪大全封天德王，任命秦日纲、罗亚旺等人为丞相兼军师。而太平军攻打广西省城桂林府未克，掉转锋芒，沿湘江溯其水源攻打全州，用地雷爆破，攻陷该城，然后沿湘江进入湖南，包围长沙，一面率领几千船只，渡过洞庭，攻陷岳州，顺长江而下，攻陷汉阳与武昌府，时在第二年即咸丰二年壬子（1852年）十二月。

满洲藩阀之弊

太平军连战连捷，官军常为其所败，原因在于清廷从来所恃以为干城的军队，是八旗及绿营，其将士极其骄惰，不堪实战。不但将士无能，官军的作战计划也是极为粗笨，而统帅官军的主将无人胜任。之所以到此地步，又是因为满洲藩阀的弊端已浸染到根子上，汉人中虽有杰出人才，但不能派上用场。官军到处败衄，长江南北将为太平军所有，于是清廷大为惊愕，才知道八旗之不足为用，指望将征讨之事委任于汉族人士。于是曾国藩奉命挑起拨乱反正的大任，得以施展抱负。

防御方略

当曾国藩从事团练民兵的时候，徐广缙被革职，张亮基出任署理湖广总督，潘铎署理湖南巡抚，而骆秉章署理湖北巡抚。曾国藩便与巡抚共同商议防御方略，上疏写道：

询悉湖南各标兵丁多半调赴大营，本省行伍空虚，势难再调；附近各省又无可抽调之处，不足以资守御。因于省城立一大团，认真操练，就各县曾经训练之乡民，择其壮健而朴实者招募来省，练

一人收一人之益，练一月有一月之效。自军兴以来二年有余，时日
不为不久，糜饷不为不多，调集大兵不为不众，而往往见贼逃溃，
未闻有与之鏖战一场者；往往从后尾追，未闻有与之拦头一战者；
其所用兵器，皆以大炮、鸟枪远远轰击，未闻有短兵相接以枪靶与
之交锋者。……今欲改弦更张，总宜以练兵为务。臣拟现在训练章
程，宜参仿前明戚继光、近人傅鼐成法，但求其精，不求其多；但
求有济，不求速效。

这确实是团练民兵的关键。后来曾国藩立下拨乱反正的大功，就是以此
为基础。李鸿章写道："曾国藩以在籍侍郎，奉文宗显皇帝特旨，出治乡兵，
举世风靡之余，英谟独奋，虽不主故常，无尺寸之权，毅然以灭贼为己任。"
这是实话，据此可知曾国藩当年的壮志。

罗泽南

曾国藩从事团练民兵，主要由罗泽南、王鑫率领湘勇三营，仿明人戚继
光束伍之法加以训练。太平军初起时，知县朱孙诒令罗泽南团练民兵，首收
其效，曾国藩招之不应，便令其友刘蓉去游说，罗泽南方始答应。其营制营
规，曾国藩与他共同商榷订立。曾国藩在《罗忠节公神道碑铭》中写道：

国藩奉命督治团练，因与公（罗泽南）讲求束伍技击之法，击
土寇于桂东，擒逆党于衡山。

罗泽南指挥湘勇转战各地，前后拔城二十座，大小攻战二百余回，威
名震于一世。咸丰六年丙辰（1856年）三月，他在武昌城外战死，时年
五十。罗泽南首倡团练湘勇的功绩，与团练楚勇的先驱者江忠源在伯仲之间。
以下摘自曾国藩《李忠武公神道碑铭》：

湘军之兴，威震海内，创之者罗忠节公泽南，大之者公（李续

宾，字迪庵，湘乡人）也。

曾国藩将功劳归于罗泽南，这是正确的。但扩展团练民兵的规模，加以训练和统一，收到实效，则应归功于曾国藩。黄冕写道：

> 及金田乱作，蔓延及于湘楚，公以忧归。有诏起公于家，慨然以澄清天下为己任。而后薄海内外知其为豪杰伟人。方是时，承平日久，上下恬熙，自专阃以至偏裨，求其一二稍习兵事者，迄不可得。不幸艰大是投，类皆因循偃蹇，苟以偷旦夕之安，事变卒乘遂抢攘而不知所措，致使燎原之火，驯至于不可扑灭。公躬行节俭，所求乎人，悉本于推己之恕。部勒将卒，用法师古人，而复以一己精意推广而神明之。壁垒旌旗，焕然易色，识者已早卜成功之可竟。

兵志改革的基础

总之，曾国藩的湘军建设，是清朝兵制革新的基础，也是征讨太平军的根本之策。而曾国藩一旦兴起，壁垒旌旗焕然易色，正是最值得注目的事实。

第九章　编制水师

编制长江水师

曾国藩在团练民兵的同时，认识到水师必不可少，便在湖南衡州创立船厂，又于湘潭设置分厂，开始制造战船，编制长江水师。这是咸丰三年癸丑（1853 年）十一月之交。其功劳之伟大，可与湘军建设相提并论，值得在此特书一笔。

咸丰三年癸丑（1853 年）正月，湖南提督向荣任钦差大臣，率大军攻击武昌，太平军放弃武昌，冲破官军包围，沿长江水陆并进，攻陷九江，乘势沿江而下，攻陷安徽省的首府安庆府，又进迫金陵及南京，最终将之占领。这一仗，两江总督陆建瀛为乱兵所杀，前任广西巡抚邹鸣鹤、江南提督福珠及江宁将军祥厚、副都统霍隆武等人死于战火。向荣的部队驻屯金陵城外，号称"江南大营"。

洪秀全的作战计划

洪秀全以金陵为国都，建立官制，宫殿衣冠全部仿照帝王，分兵扼守长江南北的要害，以切断官军的联络，同时拟订作战计划：其一，自金陵向东北（应为西北——译者注），由河南省攻击河北；其二，向江南、江西推进，包围南昌（江西省首府），进而控制浙江；其三，攻击安徽与湖北两省，以图控制中原大势。向江南推进的太平军深入腹地，围攻南昌府甚急，官军将领江忠源守城，太平军未能攻克。江忠源向曾国藩请求援兵，曾国藩派出湘军二千人、楚军一千人，令江忠淑（江忠源的季弟）、朱孙诒、郭嵩焘等前去救援。罗泽南也另率乡勇奔赴南昌，攻击太平军失利，江忠济（江忠源的二弟）督率湘勇、楚勇来援，太平军解围退却。又，太平军之一部由河南省推进，渡过黄河，围攻怀庆府，被钦差大臣胜保击败。这支太平军转入山西省，攻陷平阳府，首领林凤祥进入直隶省西南的广平府，攻陷邯郸县北面的临洺关。另一支太平军由杨秀清、胡以晃督率，围陷安徽省城庐州府，以江忠源为首，布政使刘裕珍、知府陈源兖、都司戴文兰等全部战死。

江忠源提出建造战船

在此之前，郭嵩焘抓到太平军的间谍，经过审问，始知太平军制胜的原因，在于水陆声势联络，于是对江忠源说："官军的缺点在于水陆缺乏联络，宜利用贼之方略，致其死命。"江忠源同意，上疏陈述编制战船之策，朝议认为可行，令曾国藩担当编制水师的任务。

管制长江的方针

曾国藩写道："欲制贼之死命，须先扼长江之险要，而管制长江之险要，莫若完成水师之实力。"于是他制造战船，招募水勇五千人，编制水师十营，以褚汝航为总统，令成名标、诸殿元、杨载福（后改名为杨岳斌）、彭玉麟、邹汉章、龙献深等分别统领；又募陆兵五千人，以塔齐布为先锋，令周凤山、储玫躬、林源恩、邹世琦、邹寿璋、杨名声、曾国葆（曾国藩弟）分别统领，曾国藩亲率全军从衡州出发，征讨湖南、湖北的太平军。

咸丰四年甲寅（1854 年）正月，太平军进攻武昌，大破官军（湖广总督吴文镕战死），攻陷汉阳，挺进湖南，逼近岳州。曾国藩时在岳州，拦截靖港的敌军，大败溺水，差一点死去，为左右救出，仅得幸免。而太平军之势益加炽旺，攻陷岳州、华容、常德等地，再陷武昌，与金陵太平军遥相呼

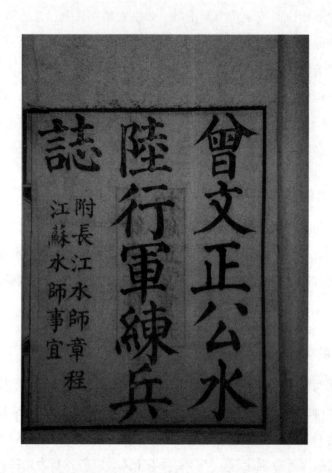

曾国藩在团练民兵的同时，认识到水师必不可少，便在湖南衡州创立船厂，又于湘潭设置分厂，开始制造战船，编制长江水师。这是咸丰三年癸丑（1853年）十一月之交。其功劳之伟大，可与湘军建设相提并论。

应，以长蛇之势控制了长江的形势，就连曾国藩这样的俊杰，也几乎没有奇策妙筹可施了。李鸿章写道：

> 国藩创建水师，凡枪炮刀锚之模式，帆樯桨橹之位置，无不躬自演示，殚竭思力，不惮再三更制，以极其精。初次出师援岳州，援长沙，皆不利。世俗不察，交口讥议，甚者加意侵侮。当是时，势力既不行于州县，号令更难信于绅民，盖不特筹饷筹防事事掣肘已也。

曾国藩引咎

当时曾国藩的境遇确实如此艰难。曾国藩也自引诸葛亮的祁山之败，对众人说道："古人用兵，先明功罪赏罚。如今时事艰难，贤人君子半潜伏。余以义声倡导乡人，同履危亡之地，诸君初从我，非以利动，故于法难施，此其两次败衄之所以，其弊亦由此。"他奏陈实际情状，请求明辨责任。但清廷并未痛加谴责，却令他增募水陆之兵，建剿贼之功。

收复武昌

曾国藩又整军东下，七月朔日攻击岳州的太平军，并收复岳州。八月进攻武昌，收复该城。湖南、湖北的要地渐归官军掌握。然而，咸丰五年乙卯（1855年）二月，武昌再次落到太平军手中，巡抚陶恩培为守城而死。太平军势力更大，罗泽南认为："欲制东南大局，必以武昌为根据，苟未得之，徒百战亦有何效！"他单骑驰往曾国藩大本营所在的江西省南康府，讨论进击武昌的机宜，得到曾国藩的赞成，于是进入湖北，与胡林翼会师，攻打武昌。咸丰六年丙辰（1856年），罗泽南中敌弹而死。胡林翼善战，于此年十一月终于得以收复武昌。从此湘军之势渐渐振作，隐然加重。李鸿章记载道：

> 国藩忍辱负诟，坚定不摇，庀材训士，奋兵复出湘潭岳州，连战大捷，尽驱粤贼出湖南境，遂克武汉、蕲黄，肃清湖北。咸丰四

　　年秋冬之间，长驱千里，席卷无前，湘勇之旌旗遂为海内生色，厥
　　后各路之杀贼立功者咸倚为重。

曾国藩任兵部侍郎

　　曾国藩于咸丰四年甲寅（1854年）七月受赐二品顶戴，赏戴花翎，署
理湖北巡抚，他向朝廷辞谢不受，改授兵部侍郎衔。咸丰五年乙卯（1855年）
九月，授兵部右侍郎。咸丰六年丙辰（1856年）胡林翼收复武昌，曾国藩
至九江犒劳部队，不久返回南昌。

第十章　两江总督与四省节制

◇曾国藩奔父丧　◇兵部尚书衔署理两江总督　◇官军大败　◇曾
国藩的作战计划　◇遗嘱二千余言　◇收复安庆　◇征讨全权归于
曾国藩　◇威望益重愈损

曾国藩奔父丧

湖北平定之后，曾国藩率水陆各军东下，有骎骎乎直捣金陵之势。然而，咸丰七年丁巳（1857 年）二月，曾国藩接到父亲去世的讣告，与弟曾国荃和曾国华一起奔丧，暂时无法从军。

兵部尚书衔署理两江总督

后来，曾国藩又奉命督办军务，廓清江西，进而收复安庆。这时官军到处败衄，太平军势力炽烈至极，清廷才任命曾国藩为兵部尚书衔署理两江总督，不久又任命他为钦差大臣，督办军务。时咸丰十年庚申（1860 年）四月。从此之后，事权牵制的弊端渐渐减少，曾国藩的意见更加能够实行。

官军大败

在此之前，官军连败。咸丰六年丙辰（1856 年）五月，江南大营被太平军击溃，钦差大臣向荣撤到丹阳后去世。咸丰八年戊午（1858 年）十月，安徽省的三河镇战役，湘军名将李续宾及曾国华以下将士六千人战死。咸丰十年庚申（1860 年）闰三月，江南大营钦差大臣和春败溃于金陵，帮办军务提督张国梁战死。同年四月，江苏省财富之源的苏州府及常州府被太平军攻陷。这都关系到胜败之大机，也是清廷不得已而委任曾国藩的原因。

曾国藩的作战计划

虽然当时大江南北形胜都在太平军掌握之中，官军几乎无计可施，但曾国藩以一身毅然担负军国重任，从容不迫，徐徐制订作战计划，呈上《统筹全局疏》。其中写道：

> 自古平江南之贼，必踞上游之势，建瓴而下，乃能成功。……是安庆一军，目前关系淮南之全局，将来即为克复金陵之张本。……但求立脚之坚定，无论逆氛之增长。

又写道：

> 臣奉恩命权制两江，必须带兵过江，驻扎南岸，以固吴会之人心，而壮徽、宁之声援。无论兵之多寡，将之强弱，臣职应南渡，不敢稍缓。现定于十日内拔营渡江，驻扎徽州、池州两府境内。拟于江之南岸，分兵三路：第一路由池州进规芜湖，与杨载福、彭玉麟之水师就近联络；第二路由祁门至旌、太，进图溧阳，与张芾、周天受等军就近联络；第三路分防广信、玉山，以至衢州，与张玉良、王有龄等军就近联络。目下安庆之围不可骤撤。

这份奏疏为清廷所嘉纳。曾国藩便举荐彭玉麟任水师总办（淮扬、宁国、太湖三支水师），举荐左宗棠任帮办军务，又令鲍超、蒋益澧、张运兰、李元度等诸将作为应援，自己率军抵达祁门。

遗嘱二千余言

徽州与宁国再次被太平军攻陷。太平军环攻祁门，发起猛轰，势不可当。

当时曾国藩视死如归，自写遗嘱二千余言寄回家中，将佩刀悬于帐内，从容自若，一步也不肯退。何璟记载道：

> 逮咸丰十年初，膺江督，进驻祁门。正值苏、常新陷，浙省再沦，皖南、皖北十室九空，人烟稀少，军粮则半菽难求，转运则一夫难雇。自金陵以至徽州，八百余里，无处无贼，无日无战。徽州之方陷也，休、祁大震，江楚皆惊，或劝移营江西省城以保饷源，或劝移营江干州县以通粮路，而仍不出江督辖境。曾国藩曰："吾初次进兵，遇险即退，后事何可言！吾去此一步无死所也。"群贼既至，昼夜环攻，飞炮雨集。曾国藩手书遗嘱，帐悬佩刀，犹复从容布置，不改常度，死守兼旬。

李鸿章又记载道：

> 当此之时，贼势如飘风疾雨，蹂躏大江南北，几无完土，苏、皖二省糜烂尤甚。曾国藩于无可筹措之时，多方布置，奏荐左宗棠襄办军务，募勇湖南，征鲍超于皖北，调蒋益澧于广西，定计不撤安徽之围，自帅所部万人驰入祁门，南接皖防，而徽宁复陷，诸路悍贼麇集祁门，左右叠进环攻，几有应接不暇之势。曾国藩示以镇静，激励诸军昼夜苦战，相持数月之久，群贼望风授馘，丧胆宵遁，自是军威大振，而时局遂有转机矣。

由此可知，曾国藩这段时间的苦心经营非同寻常。

收复安庆

曾国藩挡在太平军的要冲上，不屈不挠，左宗棠、鲍超、彭玉麟诸将善战，屡屡破敌。咸丰十一年辛酉（1861年）八月，曾国荃攻陷安庆城，曾国藩以功授太子少保，曾国荃升任布政使。

　　曾国荃（1824—1890），曾国藩的九弟，湘军主要将领之一，因善于挖壕围城有"曾铁桶"之称。咸丰二年（1852）取优贡生；咸丰六年（1856），攻打太平军有功，赏"伟勇巴图鲁"名号和一品顶戴。同治三年（1864），曾以破城"功"加太子少保，封一等伯爵。同治间，与郭嵩焘等修纂《湖南通志》。

征讨全权归于曾国藩

不久，曾国藩又统辖江苏、安徽、江西三省并督办浙江全省军务，四省巡抚提镇以下并归其节制。征讨全权这才归于曾国藩掌中。时在咸丰十一年辛酉（1861 年）十月十八日，日本文久元年。

曾国藩有了节制四省的全权，因自己的位置及责任重大，再三上疏固辞，朝廷不许。所上最后一疏中写道：

> 所以不愿节制四省，再三渎陈者，实因大乱未平，用兵至十余省之多。诸道出师，将帅联翩。臣一人权位太重，恐开斯世争权竞势之风，兼防他日外重内轻之渐。机括甚微，关系甚大。

威望益重愈损

在此之前，京官及督抚中不少人忌恨曾国藩。而随着湘军到处接连制胜，曾国藩的威望更重，其反对者或死或被革职，势力渐减。所以朝廷举全权委任给曾国藩。曾国藩看得十分明白，自己身处满人之间，必须自抑自谦，有关军务之事，与湖广总督、钦差大臣官文商量决定。自己的功劳都推让给官文，责任都揽在自己身上，务求披沥赤心，结其欢心。所以猜疑虽深，清廷也无法非议他的行为。这就是曾国藩得以妥善完成任务的原因。曾国藩有修养，有雅量，有德性，才能办到，是其他一味气豪胆壮的政治家所学不会的。而他又不单是对满人才是如此。何璟写道：

> 曾国藩与诸弟共在军中，任事则督之争先，论功则率之居后。盖深见乎功名之际，终始之难常，以位高于众，权重于人，怀大名不祥之惧，故遇非常之知遇，弥切尔位之请。

李鸿章写道：

　　曾国藩秉性谦退，受宠若惊。从戎之始，即奏明丁忧期内虽稍立功绩，无论何项褒荣，概不敢受。迨服阙之后，战功益著，宠命迭加，其弟曾国荃累以战功晋秩，亦必具疏恳辞，至于再四。其深衷尤欲远避权势，隐防外重内轻之渐，故于节制四省、节制三省之命，辞之尤力，非矫饰也。临事则惧大功之难成，终事则惧盛名之难副，故位望愈重，而益存欿然不足之思。

因此，曾国藩得以免遭清廷的掣肘，督率全军，终奏戡定之功。

第十一章　曾国藩与淮军

进攻性作战计划

曾国藩任两江总督，为钦差大臣，督办江南军务，开始制订进攻性的作战计划，一面令彭玉麟、杨载福统领水师，控扼长江的要冲；一面令曾国荃率一军出长江之北，收复安庆，以逼近金陵；令左宗棠率一军自江西前进，扫荡浙江，以杜绝太平军进入福建；另一面，令李鸿章率一军以上海为根据地，以收复江苏。而胡林翼到病逝为止，在武昌为其后援，曾国藩在安庆担负统率全军的重任。

组织淮勇的方略

这时最能控制机宜的一件事，就是提拔李鸿章任江苏巡抚，让他组织淮军。

咸丰十年庚申（1860年）七月之交，曾国藩认为收复江苏为最大的急务，又认为组织淮勇最关时局，令李鸿章担负此任，上疏写道：

> 淮、徐等处，风气刚劲，不患无可招之勇，但患无训练之人。
> 拟即函商官文、都兴阿等，酌带楚师千人，先行驰往，仰慰圣怀。

到江北后，用楚军之营制，练淮、徐之勇丁，严其禁约，宽其期限。李鸿章往办水师，亦照此法行之。臣明年驰赴淮、扬，亦照此法行之。饷绌而不改其常，战败而不变其度，期于有成而后止。若仗圣主洪福，得一二名将出乎其间，则两淮之劲旅，不减三楚之兵威。

李鸿章任江苏巡抚

这份奏疏送达北京时，已在文宗热河蒙尘之后，他的意见未能为清廷省察。第二年，即同治元年壬戌（1862年）正月，穆宗即位，采纳了曾国藩的意见。同年三月，拔擢李鸿章任江苏巡抚，令他组织淮军。在此之前，安徽省为太平军所蹂躏，自咸丰三年癸丑（1853年）而始，至咸丰十一年辛酉（1861年）为止，太平军首领盘踞安徽达九年之久，该省受祸殊甚。当时，合肥县士子张树声、张树珊兄弟，周盛波、周盛传兄弟，以及刘铭传、潘鼎新、吴长庆等人，自咸丰初年组织义勇团，构筑堡垒，抵抗造反派有功。其他许多州县无不为太平军所掠夺，合肥则得以独善其保卫，都是这几位将领出力。李鸿章组织淮军时，就是以他们为基础。

名将程学启

曾国藩至此谕令李鸿章在湘军将帅中选带著名良将二名，即程学启与郭松林，率领六营，听令于李鸿章。曾国藩与李鸿章商讨，采取湘军优良的风气以训练淮军。

程学启为安徽桐城人，起初投奔太平军，后来归于曾国荃部下任参将。曾国荃克复安庆，程学启功劳最多，曾国荃也任之最厚。他不想放程学启隶属李鸿章部下，与曾国藩争执了数日。由于曾国藩恳请甚切，终于同意。曾国藩在给左宗棠的信函中记述了此事：

> 来示谓鄙人喜综核而尚庸才，盖不尽然。近年所见诸将，惟程学启谋勇俱优，去年拨赴上海，时沅弟（曾国荃）坚不肯放。兄弟力争数日，强之东行，厥后屡立奇功。舍弟虽深幸少荃振起一隅，

　　李鸿章，作为淮军、北洋水师的创始人和统帅、洋务运动的领袖、晚清重臣，官至直隶总督兼北洋通商大臣，授文华殿大学士，曾经代表清政府签订了《越南条约》《马关条约》《中法简明条约》等。日本首相伊藤博文视其为"大清帝国中唯一有能耐可和世界列强一争长短之人"，慈禧太后视其为"再造玄黄之人"。与曾国藩、张之洞、左宗棠并称为"中兴四大名臣"，与俾斯麦、格兰特并称为"十九世纪世界三大伟人"。

有益全局，亦未尝不私怨阿兄坐令彼得一人而强，此失一人而弱。
是知喜雄俊而恶阘茸，重干莫而薄铅刀，乃人情之常态。今之碌碌
隶敝部者，庸则有之，尚则未也。

程学启隶属李鸿章麾下，每战克捷，大奏其功。后来于同治三年甲子（1864
年）正月在嘉兴战役中身负重伤而亡，但对于振奋淮军的士气，程学启出力
最多。

郭松林是湖南湘潭人氏，起初以亲兵的身份跟随曾国荃，在攻打安福县
时，因率先登城而奏功，为曾国荃所看重。他跟随李鸿章训练淮勇，与刘铭
传、张树声、潘鼎新等人一起成名。美国人华尔、英国人戈登也对这二人的
智勇绝伦感叹不止。而曾国藩之所以令湘军良将跟随李鸿章，担负组织训练
淮勇的责任，不是偶然之事。李鸿章曾说：

方臣之初募淮勇也，曾国藩授臣以手订水陆营制，臣披玩数四，
觉其所定人数之多寡、薪粮之隆杀，皆参酌时势，简要精严，允为
久远不敝之规。又酌拨湘勇数营，俾获观摩练习。臣抵沪之后，扩
充训募，实以此军为发轫之始。

从这里也可以看出曾国藩的准备周密，没有遗算。

曾国荃与对金陵的攻击

清朝的财富，久以江苏、浙江二省为第一宝库，而北京政府非依靠这
二省的财赋不可，否则无法生存。何况正值连年兵乱，国帑全部耗竭，中
原生灵涂炭，所以北京政府频频催促曾国藩，此时以安徽方面的兵力迅速
推进，剿灭江苏、浙江之敌。于是，曾国藩命曾国荃首先戡定苏、浙，而
后官军大举围攻金陵。曾国荃不从，说道："粤军之根据地实在金陵，若
我军急攻金陵，敌人必举全力援护之，然后苏浙可定。"曾国藩欣赏他的
谋略，表示赞同。

左宗棠与经略浙江

于是乎，曾国藩令曾国荃担负攻击金陵的任务，同时令左宗棠扫荡浙江，令李鸿章平定江苏，果然善适机宜。

李鸿章与征讨江苏

淮军的组建与训练，与曾国荃攻打金陵的策略相等，也取得了成功，大挫太平军的锋锐，控制了大局的胜败之势。

曾国藩总领全局

李鸿章写道：

迨安庆告克，沿江名城要隘以次底定，而全浙复陷，吴越之民接踵告急，曾国藩以贼势浩大，定议分兵进兵，其弟曾国荃统得胜之师，进薄金陵，攻守并施，鏖兵连岁，杨岳斌、彭玉麟专率水师扫荡江面，鲍超以霆军东西驰击。外此则左宗棠援浙之师为一路，臣鸿章援苏之师为一路，其淮颍一带则有袁甲三、李续宜、多隆阿诸军分途并峙，将帅联翩，羽书络绎。曾国藩总持全局，会商机宜，折衷至当，数年内军情变幻，奇险环生，风波迭起，其筹兵筹饷，议剿议防，忧劳情状，殆难缕述。

此系实言，由此可以想见曾国藩的深谋远虑。

第十二章　曾国藩与常胜军

计划组织常胜军

曾国藩的战略是不顾目前敌焰猖獗，主要在于站稳脚跟。作为曾国藩的战略方针，用得最巧妙的无非常胜军，此军是利用欧美冒险人士组训的欧美新式部队。当时李鸿章还不具备组织与控制常胜军的能力，于是曾国藩将江苏巡抚薛焕调走，以李鸿章取而代之。这发生在同治元年壬戌（1862年）之交。后来扭转局面，速奏戡定之功，全靠这个安排。

向外国借兵的问题

太平军兴起以来，官军大败，清政府的无能已无法掩盖，欧美人将洪秀全视为革命党，不仅对之未挟敌意，反而以朋友的态度对待他，给他供应武器弹药及粮食等物资。但是，其后他们见到太平军的残忍酷虐，又看破洪秀全高喊"太平天国""万国兄弟"这类口号，不过是虚伪的手段，于是欧美各国态度为之一变，打算借兵给清朝剿灭太平军。例如俄国，其全权公使伊格纳契夫向恭亲王提议，借给清廷一支海军小舰队及兵员若干，令其溯长江而上，与清军协同征讨太平军。当时清朝因北京为英法联军所攻陷，文宗播迁，尚在热河，所以恭亲王无法独断此事，一面向咸丰行在奏报，一面咨询各地总督巡抚。曾国藩奏道：一般不可向外国借兵，但在国家疲惫已极之际，不宜拂逆外国的好意，应以温言婉拒，暂缓出师之期，才能收到利用外国官兵剿贼之效。唯独钦差大臣袁甲三指出：绝对不可向外国借兵，因为其害多利少。于是清廷谢绝外国借兵的请求，同时决定招募外国士官，令其训练中国兵勇，特命曾国藩执行。此为咸丰十年庚申（1860 年）十月之交。

华尔

太平军蹂躏江苏省之时，上海候补道杨坊认为美国军官华尔可用，向江苏布政使吴煦推荐此人。吴煦也与美国领事协商，赦免华尔的旧罪（华尔是美国纽约人，为陆军学校出身的军官，因曾犯过失，逃出本国，来到中国，潜居上海），令其招募愿当义勇兵的欧美人几十名，由他率领，并由欧美军官训练数百名中国志愿兵。于是华尔率部与太平军作战，每战善于以寡敌众，常常获胜，所向披靡。因此，官军与太平军都将华尔所部称为"常胜军"。

这时吴煦令英法美诸国的领事及其商馆戮力同心，组织义勇队防卫上海。然而因太平军势力太炽，不得不向曾国藩请援，决定派江苏绅士钱鼎铭溯长江而赴安庆，亲谒曾国藩，乞求救援。曾国藩答应下来，同治元年壬戌（1862年）正月，令李鸿章率淮军八千人乘汽船直向上海出发。李鸿章抵达上海，曾国藩令华尔所部全归李鸿章节制，又募集中国兵勇，令华尔加以训练，初步整顿常胜军的营制，李鸿章最终因此而成名。

白齐文

同治元年壬戌（1862 年）八月，华尔的常胜军开入浙江，攻击慈溪县，华尔先登力战，中弹而亡。李鸿章派美国人白齐文继任华尔的职务。白齐文喜欢冒险，野心勃勃，此年十月暗中与太平军首领李秀成通款，占据松江城，为太平军做内应。他前往上海，胁迫道台杨坊，索要巨额军资银两，遭杨坊拒绝。大怒之下，殴打杨坊，抢走道台衙门的四万两银子。李鸿章听说此事，大为震怒，解除他的职务，令他偿还银两。又任命英国陆军工兵军官戈登为常胜军总指挥，时在同治二年癸亥（1863 年）二月。其后白齐文投向李秀成，担任参谋，向李秀成进言："放弃江苏、浙江，斩伐桑田茶园，焚烧庭舍，

Sven Hedin
Paris 3 febr 1898

    1862年，清政府将美国人腓特烈·华尔统领的洋枪队扩编为"常胜军"；
华尔曾因乏饷，纵兵劫掠店铺、官署，抢得银洋七千，黄金百两。华尔在慈
溪与太平军作战阵亡后，由法裔的白齐文接任为第二任队长。白齐文行事风
格，较华尔更为剧烈，竟劫掠清兵军饷四万余银元，江苏巡抚李鸿章将白撤
职，改由英国工兵军官戈登任队长，中国人及菲律宾佣兵组成部队，以镇压
太平天国。常胜军于1864年解散。

而后集中兵力，直接开入各地，占据秦、晋、齐、豫之中原，以控制东南，其地为官军水师之力所不及，所以将来霸业可期大成。"于是白齐文为太平军潜入上海，抢走官军新从外国借来的汽船二艘，将之献给李秀成。李秀成大喜，将西方新炮数门装载在汽船上，苏州战役中用它们攻击宾带桥及大桥角。其后白齐文在太平军中不得志，离开中国，游历日本，又来到中国漳州，投入太平军另部，与官军作战落败，为郭松林所擒，押送途中溺死于闽海。

戈登

华尔最先成功地组建了常胜军，而戈登则将常胜军扩张，收到了成效。

华尔与戈登其人

就功业而言，戈登在华尔之上，但创始常胜军的首功不可不归于华尔。若论品性的高洁，气象的勇武，手握一根拐杖，叱咤千军万马，纪律严明，全军服从命令，则两者互不相让。但华尔早已战死，所以常胜军的名誉全部归于戈登。但在某种程度上，华尔比戈登经历了更多的困难，其性格、行为、志向及品德的纯正，确在戈登之上。

李鸿章与曾国藩

白齐文与太平军串通，企图颠覆清朝政府，废黜皇帝及西太后，自己来当中国皇帝，是一个野心勃勃的奇士，对他的失败，不可一概笑之。戈登后来也有重蹈白齐文后辙的野心。事实上，这些欧美的军人与谋士，乘大乱而逞其野心乃是常事，是不足为怪的。然而，李鸿章善于利用与操纵这些欧美冒险家，发挥其有利的一面，巧妙地加以使用，不得不承认他的手腕最为高明。不过，是谁识拔了李鸿章，指挥他，让他得以施展手腕？是曾国藩。所以，这也是曾国藩的不可及之处。

第十三章　曾国藩与镇压太平军

◇首功　◇后起之秀的太平军首领李秀成　◇曾国荃围攻雨花台　◇收复苏州　◇收复杭州　◇洪秀全饮毒而亡　◇收复金陵　◇曾国藩谦让首功　◇论功行赏

首功

同治元年壬戌（1862 年）以来，曾国藩的作战计划招招皆奏实效，各路部队都听从他的命令，进取的势头更加扩张，太平军势力日蹙。同治三年甲子（1864 年）六月，湘军终于收复金陵城。论其战功，首推曾国荃、左宗棠、李鸿章、杨岳斌、彭玉麟及胡林翼诸位将领，但控制大局者为曾国藩，首功应该归于他。李鸿章写道：

> 议者以为戡定粤逆之功，惟曾国藩实倡于始，总其成，其沉毅之气，坚卓之力，深远之谋，即求之往古名臣，亦所罕觏也。

此话可谓一语道破曾国藩的功绩。

后起之秀的太平军首领李秀成

太平军兴起之初，洪秀全身边有谋主五人，即南王冯云山、西王萧朝贵、东王杨秀清、北王韦昌辉、翼王石达开，而冯云山与萧朝贵于咸丰二年壬子（1852 年）三月战死于湖南长沙（冯云山是战死于广西境内的蓑衣渡。——

译注），杨秀清精悍，智略杰出，谋议几乎全自己出，大逞权势。咸丰六年丙辰（1856 年），太平天国发生内讧，韦昌辉与洪秀全定谋杀死杨秀清，洪秀全又杀了韦昌辉。石达开宽宏大量，深得人心，但与韦昌辉发生矛盾，横行于湖南、江西、广东、广西诸省之后，进入四川省，于同治二年癸亥（1863 年）二月为官军俘虏处斩。太平军五王如此互相猜忌纷争，前后皆灭，太平军渐渐衰落，但新晋首领接踵而起，李秀成即其中一人。他智略绝伦，沉着勇敢，胸有雅量，善于赢得人心，是一位名将。因此，从咸丰末年开始，直至同治三年（1864 年）初为止，江苏地方及金陵方面的战斗极为激烈，以曾国荃湘军及李鸿章淮军为首，各路官军皆为之头痛。

曾国荃围攻雨花台

曾国荃所部自同治元年（1862 年）二月以来，与水军协同策应，击破长江南北两岸的敌军，于五月份进驻金陵城外的雨花台，以捣敌巢。然而，这一年夏季，江南地方流行霍乱，官军大批死亡，敌将李秀成趁机于闰八月从苏州、常州驻扎的大军中选兵十余万，令其奔赴金陵，包围曾国荃的大营。太平军备下数十门大炮，用榴霰弹猛轰，连续四十六昼夜。九月份，李秀成又令驻扎浙江省的将领李世贤率部下十余万人来围金陵，攻击甚急。曾国荃闻信，急忙征集援兵，但当时江浙及江北各方面的官军各有任务正在执行，无法赴援，官军苦战非同寻常。此役为军兴以来最激烈的大战，敌兵二十余万，曾国荃所部陷入包围圈中，人数不过三万，而且官军将士病死、战死及负伤者相继不断，但全军一致，决死以当，毫不屈服。然而，太平军此时不肯乘机直进。为什么？因为敌将李秀成见此时江苏地方的官军猛力进取，担心江苏回到官军手中，金陵则无疑终将为之覆灭。因此，到了十月，李秀成解雨花台围而去。这确实是官军未曾料到的幸运。何璟写道：

> 曾国荃统得胜之军，直抵雨花台，以瞰金陵，左宗棠统楚军以达浙境，李鸿章统淮军以达沪上，皆深入虎穴，捷报频闻。夏秋之间，兵机遂大顺矣。乃攻剿甫利，而疾疫流行，上自芜湖，下至上

海，无营不病，不但守垒无勇，几于炊爨无夫。杨岳斌、曾国荃、鲍超诸统将各抱重病，昔之劲兵胥变屝卒。苏、浙贼首方以此时大举以援金陵，围攻雨花台四十六昼夜，更番不歇。南岸则宁国、旌德同时吃紧，北岸则颍、宿、蒙、亳捻匪出巢，正阳、寿州苗逆复叛。发贼又由江浦上窜，滁、和、巢、含亦复岌岌可危。数年以来辛苦战争之土地，由尺寸而扩至数百里者，深恐一旦溃裂，尽隳前功。援浙、救苏、保江三者又须兼顾，时危事亟，军情反复，异议环生，有谓金陵进兵太早，必致师老饷糜竭者；有谓宜撤金陵之围，以退各路援贼者。曾国藩于群言淆乱之时，有三军不夺之志，枕戈卧薪，坚忍卓绝，卒能以寡御众，出生入死。迨事机大定之后，语僚友曰：昔人尝言忧能伤人，吾此数月心胆俱碎矣。幸赖国家鸿福，得以不死。

由此可知曾国藩兄弟当年如何煞费苦心。

收复苏州

这时候，曾国藩抓到太平军从金陵潜往李秀成大营的特务，搜出一封密信，其中写道："湖南北及江北如今空虚，几无防备，令忠王李秀成发二十万大兵，攻陷常熟，一面攻打扬州，另一方面窥伺皖楚。"曾国藩便遣使驰往李鸿章处，指示说：此时官军应制敌先机，令淮军进取太仓州，以援常熟，须牵制李秀成前往江北。李鸿章所见也与之暗合，于是命令常熟守将待援，同时令淮军与常胜军攻打福山及太仓州，昆山县与常熟之围始解。时在同治二年（1863年）二月。此后，李鸿章奋战各地数十回，于同治二年癸亥（1863年）十月收复苏州城，于同治三年（1864年）甲子二月收复嘉兴府，于同年四月收复常州府城，淮军得以与曾国荃包围金陵的部队互通联络。

收复杭州

又，左宗棠任浙江巡抚之初，于同治元年（1862 年）三月抵达浙境，其部下仅八千余人。太平军人数二十余万，出没于全浙及浙江与福建交界之处，相互策应联络，所以清廷频频催促左宗棠进剿。但是，浙军尚未能掌握发动攻击的条件。不久，新任浙江布政使蒋益澧及高连升、熊建益等人到来，官军援兵集结。同治二年（1863 年），左宗棠所部收复金华府及绍兴府等要地，进围富阳。此年五月，左宗棠任闽浙总督，益图进取，但敌军也很强悍，不肯屈服，加上疾疫流行，官军病者众多，左宗棠也患了疟疾，导致浙军士气不振。因此，曾国藩知会左宗棠增募外国军队，以助浙军。此时李鸿章的淮军连战连胜，此年十月收复苏州城。其结果，太平军势焰挫折，浙军也得其势，屡屡挫敌，于同治三年（1864 年）三月收复杭州城，得以与淮军互通联络。

洪秀全饮毒而亡

同治三年（1864 年）四月二十七日，太平军领袖洪秀全觉得大事不妙，饮毒自杀。诸首领定议，拥立洪秀全之子洪福瑱（时年十六）为天王。

收复金陵

在此之前，曾国荃所部围攻金陵已近两年，此年（同治甲子）正月进击，攻拔钟山石垒天保城，才对该城合围，将其内外联系全部隔绝。于是，洪秀全之势日蹙，终于饮毒而死。当时清廷尚未察觉，给李鸿章下诏，催促江苏官军乘大胜之机进军金陵，与曾国荃所部联手剿灭敌巢。曾国荃认为："金陵城中之贼既疲，粮食弹药必已竭乏。此时借李鸿章之力，是吾之耻也。"李鸿章也认为："朝廷催促鸿章进军金陵，若果如此，岂非中途夺走曾国荃之功？此鸿章所不忍为也。"因而借口盛暑不利于火器，拖延进军时日。而清廷催促更加急迫。曾国荃听到消息，从五月十八日起，日夜督率将士作战，攻占了敌军的第一险要地保城。进而深挖地道，从五月三十日起，至六

英国画家仿绘太平天国事件中清军战报的《剿灭粤匪图》，1860年，
铜版画，第二次鸦片战争时期英国《The Illustrated London News》画报刊载。

月十五日止，挖成十余条隧道，令城外各营做好进击准备，另悬重赏，募敢死将士若干，乘城墙崩塌时猛进先登。曾国荃的部将有李臣典、朱洪章、彭毓橘、萧孚泗、张诗日、吴宗国、刘连捷、武明良、李祥和等人誓死不退，其中总兵李臣典是土工指挥者，率部挖穿隧道，穿入地保城下及金陵城下，终于挖成。

李秀成为太平军最后的谋主，直到最后仍不失其勇武。洪秀全死后，各位首领都奉幼主洪福瑱为主，但其实一切命令都是出自李秀成。他知人善任，恩威布于上下，全军对他信赖极深。此年五月十五日，李秀成亲自率敢死队数百人从太平门缺口突出，另派化装成官军的敢死队从朝阳门突出，混入官军，乘乱入营纵火焚烧，扰乱官军。当时官军多已疲惫，缺乏共同作战的勇气，差一点被李秀成瓦解崩溃。幸而彭毓橘诸将率新兵救急，得免大败之祸。从此官军步步进取。六月十六日，引爆置于隧道内的火药，万雷轰发，天地为之震动，金陵城墙塌陷二十余丈，朱洪章部的千余将士高声叱咤，从缺口突入，城上的敌兵也顽强抵抗，弹丸如雨而下，死伤相继。朱洪章不退，越尸而进，彭毓橘、萧孚泗、刘连捷、张诗日、黄淳昌、朱南桂等人继之，与太平军抗战三昼夜。到十八日，方始平定。洪福瑱按照李秀成的安排，于十六日夜间骑李秀成所爱的骏马出城逃走，但李秀成以下首领洪仁达（洪秀全之兄）等人全部就擒，其大小将领或战死，或烧死，共三千余人。城郭宫室烧了三天三夜，火光焰焰不绝，而太平军男女十余万人无一人投降。自咸丰三年癸丑（1853年）洪秀全盘踞金陵起，至此凡十二年，官军才得以收复此城。

曾国藩谦让首功

曾国荃克复金陵，除李鸿章以外，其他将帅都对其功绩不无嫉妒。如左宗棠、沈葆桢诸将，也每每上奏诽谤江南军。至此，曾国荃身患疥癣，上奏辞职归乡，同时解散其部下湘军二万五千人，各归乡里。

曾国藩自同治元年壬戌（1862年）以来驻节于安庆府，担任全军统帅，至此，因金陵已经收复，于六月二十五日赶来，镇抚动乱之余的社会，从事善后的经营，赈恤穷民，令其各就生业。又大肆裁撤湘军及楚军，省减军费，留下湘勇一万人驻扎金陵，又留下两江布政使刘连捷所率的精兵三千人驻扎安徽省的舒州和桐城，以防捻军。曾国藩不以首功自居，让功于湖广总督官文，与他联衔上疏朝廷。疏中写道：

> 此次金陵城破，十万余贼无一降者，至聚众自焚而不悔，实为古今罕见之剧寇。然卒能次第荡平，划（铲）除元恶，臣等深维其故，盖由我文宗显皇帝盛德宏谟，早裕戡乱之本。宫禁虽极俭啬，而不惜巨饷以募战士；名器虽极慎重，而不惜破格以奖有功；庙算虽极精密，而不惜屈己以从将帅之谋。皇太后、皇上守此三者，悉循旧章而加之，去邪弥果，求贤弥广，用以诛除僭伪，蔚成中兴之业。

此疏可谓极得事体。

论功行赏

清廷也将曾国藩视为元勋，加太子太保衔，赐一等世袭侯爵，并赏戴双眼花翎。上谕写道：

> 钦差大臣协办大学士两江总督曾国藩，自咸丰三年在湖南首倡团练，创立舟师，与塔齐布、罗泽南等屡建殊功，保全湖南郡县，克复武汉等城，肃清江西全境。东征以来，由宿松克潜山、太湖，进驻祁门，迭复徽州郡县，遂拔安庆省城，以为根本；分檄水陆将士，规复下游州郡。兹幸大功告成，逆首诛锄，实由该大臣筹策无遗，谋勇兼备，知人善任，调度得宜。曾国藩着赏加太子太保衔，赐封一等侯爵，世袭罔替，并赏戴双眼花翎。

这道上谕证实了曾国藩的首功。浙江巡抚曾国荃，则赏加太子少保衔，赐封一等伯爵；江苏巡抚李鸿章赐封一等伯爵；闽浙总督左宗棠赐封一等伯爵；陕甘总督杨岳斌、兵部右侍郎彭玉麟、浙江提督鲍超，一并赏给一等轻车都尉；江西巡抚沈葆桢赏给一等轻车都尉，赐封一等子爵；其他诸将帅各有论功行赏不等。

胡林翼在湖北，左宗棠在浙江，李鸿章在江苏，曾国荃在金陵，杨岳斌、彭玉麟在长江水师，其丰功伟绩赫赫传于青史；但曾国藩更胜一筹，他善于统帅此等俊杰诸将，担当大事，决策大计，发布指示，无不如意，千里制胜，大收全功。喻吉三有言：

> 公自咸丰三年结束乡兵，慨然以灭贼为己任。方是时，事起仓促，远近疑骇，当轴颇有阚龁之者，而公夷然不以屑意。苦心缔造，一意进取。自其练兵之始，迄乎平江南之贼，其中军事之或顺或逆，或胜或否，危疑震撼，瞬息千变，而公始终独行其志，不择利害为趋舍，有容乃大，有断乃成，其坚忍有如此者。

他又写道：

> 公好读古书，而于用兵则专主阅历，不流古法，握奇尉缭之书束置不观，在军中朝夕省览者经史而已。生平不言占验之事，而发纵指示胜千里。有叩以制胜之策者，则莞尔曰："适然耳。"盖小心抑畏，歉然常不自足。虽功盖天下，而独诿之，适然之数，所以遏骄矜之萌，而践诚笃之实也。其澹定有如此者。

此言可谓评尽了曾国藩的本领，由此也可看出曾国藩之所以为曾国藩即在于此。

第十四章 捻军与曾国藩（上）

◇曾国藩与李鸿章 ◇捻军与太平军 ◇征剿捻军与清廷的方略 ◇作战计划未能确定 ◇僧格林沁战死 ◇曾国藩督办直隶、山东、河南军务

曾国藩与李鸿章

戡定捻军的功劳应该归于李鸿章，但在作战之初审定真正的作战方案，挫折敌势，却是曾国藩的功劳。用冷峻的批评眼光来看此事，戡定捻军的功业，曾国藩成其始，李鸿章成其终，二者之间可谓并无轩轾。

捻军与太平军

捻军起于咸丰元年辛亥（1851年），乘太平军首领洪秀全勃兴的时机，开始蜂起于安徽、河南之间，从此前后有起有伏，为害清朝凡十余年，其蔓衍区域主要为北部数省，即在山东、直隶之一部，安徽、江苏北部，以及河南东部。捻军与太平军性质并不相同。太平军以洪秀全为首，其谋臣将帅皆一时之人杰，不可欺侮；但捻军首领除张洛行、张宗禹父子，以及赖文光、任柱等人外，多为鸡鸣狗盗之辈。太平军打着"太平天国"的新旗帜，以靖难济民为名而兴起；捻军却无一定的目标，也没有抱负，只是大肆掠夺而已。太平军据有形胜，巩固了根据地，收揽天下人心；而捻军则飙起电灭，来去无常，到处骚扰地方而已。捻军兵数虽大不及太平军，但其行动出没无常，倏忽自由，难于捕捉，也能利用军队出奇制胜，所以平定捻军并非易事。

征剿捻军与清廷的方略

咸丰三年癸丑（1853 年），洪秀全攻陷金陵，建设太平天国的王业。捻军乘此机会蜂起于山东、河南、安徽各地，到处攻城邑，陷州县，杀官司，掠财物。咸丰七年丁巳（1857 年）之交，捻军游骑兵出没于直隶省大名府的开州及东明县，当时清廷为了征讨捻军，向安徽、河南诸省各地派遣文武大员，其中重量级的人物有河南提督善禄（1853 年驻扎永城县），钦差大臣周天爵（驻扎宿州），工部左侍郎吕贤基（派往安徽），河南巡抚陆应毂，陕甘总督舒兴阿（驻扎陈州），钦差大臣袁甲三（取代周天爵），河南巡抚英桂（1854 年赴任），安徽提督武隆额（1855 年驻扎亳州），钦差大臣胜保（1857 年），河南巡抚英棨（1858 年取代英桂），提督史荣春（驻扎山东省曹州、兖州），总兵田在田（同上），总兵邱联恩（驻扎鹿州），总兵朱连泰（驻扎亳州），总兵傅振邦（1859 年驻扎宿州），安徽巡抚翁同书，都统伊兴额（驻扎宿州），协领关保（督领河南军），协领德楞额（驻扎山东省曹州），都统胜保（1860 年督领河南军），副都统穆胜阿（驻扎安徽），团练大臣毛昶熙（驻扎河南），汝光道台郑元善（毛昶熙的副手），还有僧格林沁、多隆阿。

作战计划未能确定

这些将帅前后都不免遭到捻军打击，或为其所败。所以，他们未能确定真正的作战计划，无疑有复杂的原因。

僧格林沁战死

咸丰十年（1860 年），英法联军攻陷北京，文宗出奔热河，捻军乘机开进山东省，击破曹州的官军，进而攻打济宁府，击破总兵德楞额所部。清廷命蒙古郡王僧格林沁担当征讨捻军的任务。正在此时，同治三年甲寅（1864 年），捻军一部进入湖北，出没于襄阳、随州、京山、德安、黄州、蕲州、蕲水之间，大肆掠夺。湖广总督官文出兵征剿，前卫统领舒保所部与僧格林沁所部会师，在德安之西与捻军作战获胜。不久，舒保中了捻军埋伏而战死。僧格林沁所部再三战败，退入河南省的光山，不久进入邓州，势力名望顿时坠地。同治四年乙丑（1865 年）四月二十五日，僧格林沁在山东省的曹州与捻军作战，中计身亡。

曾国藩督办直隶、山东、河南军务

僧格林沁之死令穆宗大为震悼，辍朝三日。于是派曾国藩为钦差大臣，督办直隶、山东、河南军务，令其担负征讨捻军的重任。又派江苏巡抚署理两江总督，担任地方守备，为征捻军提供粮食供应。从这时起，曾国藩开始制订明确的作战计划，加以实行，挫折捻军的势头。

第十五章 捻军与曾国藩（中）

◇四镇驻防及利用河道的方略 ◇应以有定之兵制无定之敌 ◇不
务驰剿之虚名，而收制敌之实效 ◇根本性的持久对策

四镇驻防及利用河道的方略

曾国藩奉了征讨捻军的命令，率淮军及湘军一部奔赴山东省，主要考察
敌情与地形，确定四镇驻防的方略，作为根本之策。他以安徽的临淮、山东
的济宁、河南的周家口、江苏的徐州为镇营，在要地驻扎重兵，不让敌军四
方奔溃，企图将之逐渐驱逐到一个狭隘的地区，一举加以歼灭。同时定计，
利用河道阻挡敌骑驰突。而后来征讨捻军之所以能够奏功，完全没有出于这
个计划之外。

应以有定之兵制无定之敌

曾国藩将四镇驻防的策略呈报清廷，所上奏疏的重点如下：

惟（唯）僧格林沁以督兵重臣猝尔捐躯，震远近之人心，长递
贼之凶焰。朝廷责臣讨贼，至切且速……臣踌躇再四，有万难迅速
者数端。……金陵未撤之兵仅存十六营……此外惟刘松山宁国一军
相距较近，先已飞檄往调，等候刘松山前来。如其部卒不愿北征，
臣亦不复相强。当酌带楚军将弁，另募徐州勇丁，仿臣处之营制而
约束之，存楚师之规模，开齐兖之风气，……约需三四月乃可训练

成军。此其不能迅速者一。

捻匪积年掳掠，战马极多……驰骤平原，其锋甚锐。……臣亦拟在徐州添练马队，派员前赴古北口一带采买马千匹……加以训练。……此其不能迅速者二。

扼贼北窜，惟黄河天险最为可恃。……黄河水师办成，……然非有四五月工夫难期就绪。此其不能迅速者三。

僧格林沁之忠勇绝伦，妇孺皆知，华夷传诵。其统兵追贼，日行七八十里，或百余里不等，然步队不及马队，驽马不及良马，势必参差不齐。闻僧格林沁于三月驰至汶上，步队后七日始到兖州，马队亦有后三日始到者。行走太速，势不能自带米粮埋锅造饭，行文州县，令其供支面饭，兵燹困苦之余，州县力难具数千人之食。又或仓促得信，家丁逃匿，或两县交界，彼此推诿，将士争先落后，饥饱不均，有连日不得一餐者。其队伍难整在此，其行军神速亦在此。臣处行兵之例，每日行军，支帐埋锅造饭，不向州县索米供应。略师古法，日行仅四十里，少或二三十里。李鸿章之淮勇，亦仿楚师之法。其步步稳妥在此，其行军迟钝亦在此。僧格林沁剿办此贼，一年以来，周历湖北、安徽、河南、江苏、山东五省，若他人接办此贼，断不能兼顾五省。不特不能至湖北也，即齐、豫、苏、皖四省亦焉能处处照顾？如以徐州为老营，则山东只能办兖、沂、曹、济四郡……河南只能办归、陈两郡……江苏只能办徐、淮、海三郡，安徽只能办庐、凤、颍、泗四郡，余属皆力不逮矣。此四省十三府州者，纵横千里，古四战之场，历年捻匪出没最熟之区。若以此责成督办之臣，而以余属责成四省之巡抚，则汛地各有专属，庶军务渐有归宿。此贼已成流寇，飘忽靡常，宜各练有定之兵，乃足以制无定之贼。……

方今贤帅新陨，剧寇方张，山东之望援，急于星火，而臣策战事，乃在半年以后。北路之最重莫如畿辅，而臣策直隶乃须另筹防兵。此皆骇人听闻之言，殆不免于物议纷腾，交章责备。然臣等筹思累日，非专力于捻匪最熟之十三府州，不足以弭流寇之祸。

不务驰剿之虚名，而收制敌之实效

曾国藩的这个意见，得到了朝廷的嘉纳。同治四年乙丑（1865年）八月，曾国藩率军驻扎徐州，讲求利用河道的方略。他指出："徐州为四镇适中之地，东北为畿辅，乃天下之根本，东南为江苏，乃我军之根本。既以东路为重，藉运河一衣带水，得为阻截流寇之界，惟河浅且窄，汛长千有余里，防不胜防。"于是，他与阎敬铭、刘长佑等人商议，自范县豆腐店以下，直至东秋、东阿为止，划为山东的防区；自豆腐店以上，至东明、长垣为止，划为直隶的防区。又在运河筑墙浚濠，北面从安山戴庙到沈家口，南面从八间、宿迁到窑湾、成子河，分段设戍，以巩固防御。继而，在运河设防的同时，又定下扼守沙河的策略：自周口以下，到槐店为止，又起自槐店，直到正阳，防守沙河，由曾国藩与乔松年共同负责；自周口以上，到朱仙镇为止，防守贾鲁河，由曾国藩专人负责；自朱仙镇以北，行四十里，直到汴梁，又北行三十里，直到黄河，因无水可扼，由李鹤年绕濠守卫；从正阳以下，处处濒临淮河，由水师与安徽军共同负责，督率刘铭传、潘鼎新、张树珊各部修筑长墙，蜿蜒七百华里，以达运河，其势屹然如长城。曾国藩给清廷所上奏疏，重点如下：

> 臣于四月初，先拟挑唆贾鲁河，置船设防，专函商诸东河督臣张之万，旋准复称，贾鲁河沙淤已久，万难兴挑，询之河南绅士，言亦相同。沙河上下千余里，地段太长，防此两河，本系极难之事，惟（唯）念臣处马队不敌贼骑，战事既无把握，不能不兼筹守事。且防河之举，办成则有大利，不成亦无大害，是以仍就前议，竭力兴办。刘铭传首画此策，即令其与潘鼎新、张树珊会防，力任其难，扼守朱仙镇以下四百里。其自朱仙镇以上，必须专责河南兵力，抚臣李鹤年现已移驻许州，豫兵已赴西路追剿。臣赶办河防，咨商李鹤年，请其暂驻省城，调回各军，先图近守，不必远剿。

1: Imperialist 'Brave'
2: 'Yang ch'iang tui' infantryman
3: Nien-fei cavalryman

　　捻军是一个活跃在长江以北皖、苏、鲁、豫四省部分地区的反清农民武装势力，与太平天国同时期。捻军骑兵纵横驰骋于皖、豫、鲁、苏、鄂、陕、晋、直（冀）八省十余年（1853年–1868年），极盛时期总兵力达二十万众。1865年，清朝科尔沁亲王僧格林沁中伏被全歼之后，清朝倾全力对付捻军，动用团练湘军、淮军及数省兵力，利用地形，"画河圈地"，后分为东、西二捻，西捻为左宗棠所平定，东捻乃李鸿章所灭。

查自朱仙镇以上，北至河南省城四十里，又自省城以北至黄河南岸三十里，以豫省各军全力守此七十里，似乎顿兵不进，难免外间浮议。然此七十里者，全系沙地，开挖深濠（壕），犹恐旋开旋壅，汛地虽少，防御甚难，但使扼防得力，将来可与追剿之兵同一论功请奖。本年三月，山东两军先在曹州迎剿，均经失利，后在运河扼防，均称得力，臣曾奏请奖叙，蒙恩允许。河南兵不甚多，即日可仿照山东办理，不贪驰剿之虚名，或收制贼之实效。

根本性的持久对策

在此之前，官军征讨捻军时，进取攻击仅为追蹑，劳而无效，而没有永久根本的计划。总之，官军的攻守若非苟且偷安，则难免无谋轻进的弊端。曾国藩以火眼看破，于是哪怕一时被人讥笑为迂阔，也不愿依赖区区弥缝的手段，一方面制订四镇驻防、重兵分屯的根本性对策，另一方面部署运河防御与黄河防御，采取利用河水的根本性持久对策，以期为歼灭捻军的办法，可谓思虑周密，规模悠远。

第十六章　捻军与曾国藩（下）

◇持久对策无速效　◇责之速剿事愈急　◇辞表　◇复任两江总
督　◇李鸿章取代曾国藩　◇心事光明正大　◇御史的弹劾　◇李
鸿章与戡定捻军　◇曾李相继奏功

持久对策无速效

曾国藩形成利用河防的计划以后，分兵征讨捻军，大战几十场，彼此互有胜败，但敌势渐蹙，分为东捻、西捻。东捻徘徊于山东省，西捻出没于陕西省。于是乎，曾国藩令刘铭传、潘鼎新、张树珊、周胜波等人专讨东捻，令鲍超、刘松山、刘秉璋、杨鼎勋等人专征西捻，从此捻军未再会师，以至于终被剿灭，都是基于这种安排。但是，曾国藩的计划是持久的策略，并无眼下的实效，所以谤议从北京朝廷内部而起，而曾国藩当时也已患病，不能亲自督军，于是请求罢任。时在同治五年丙寅（1866 年）十月十三日。

责之速剿事愈急

捻军不同于太平军，没有一定的根据地，而骑兵很多，行动出没变化无常，倏忽自在，如风如雨，几乎无法捕捉，因此若要打败它，要实行持久的策略，决不能期望眼前的速效。曾国藩企图以利用河防的计划将其剿灭，无论从政治谋略而言，还是从战争谋略而言，都是极合机宜的措施。然而用于剿捻的部队众多，而李鸿章的淮军并非曾国藩直辖的湘军，所以曾国藩直接指挥时多少会产生隔阂与龃龉，所以不能很快奏效，这也是原因之一。但清廷未能深察曾国藩的深谋远虑，逼迫他拿出速效，并无一定的方针，致使张宗禹的捻军一时逼近直隶地方，清廷大为震骇，令李鸿章到河南征讨，可见其狼狈张皇之状。

辞表

当时清廷所令李鸿章的河南之行，因遭到曾国藩与李鸿章的反对而中止，但廷臣中有人将曾国藩的持久策略视为迂缓，而曾国藩也自引其咎，以患病为由，呈上辞表。其辞表中写道：

> 奏为微臣病难速瘥，吁恳天恩，准开各缺，仍在军中效力，恭折仰祈圣鉴事。
>
> 窃臣因病请假，仰蒙恩准，两次均赏假一月，在营调理。两月以来，加意调治，而心气过亏，不时出汗，不能多阅文牍。说话逾十余句，外舌端即寒涩异常，耳亦重听；不说话时，耳鸣而尚不甚聋，因是终日不愿见客。标病则屡有变换，近日右腰疼痛。陕西抚臣乔松年过此，目睹臣狼狈之状，似此病躯，久膺重任，断无不偾事之理。再四筹思，不得不仰恳圣慈，请开各缺，安心调理。惟臣受恩深重，有不敢遽请离营者。人臣事君之义，有所长所短，皆可直陈于圣主之前。
>
> 臣不善骑马，未能身临前敌亲自督阵。又行军过于迟钝，十余年来但知结硬寨打呆仗，从未用一奇谋、施一方略制敌于意计之外。此臣之所短也。臣昔于诸将来谒，无不立时接见，谆谆训诲，上劝忠勤以报国，下戒骚扰以保民。别后则寄书告诫，颇有师弟督课之象。其余银米子药搬运远近，亦必计算时日，妥为代谋，从不诳以虚语。各将士谅臣苦衷，颇有家人父子之情。此臣昔日之微长也。臣病势日重，惮于见客，则见亦不能多言，岂复殷勤教诲？不以亲笔信函答诸将者已年余矣；近则代拟之信稿，亦难核改，稍长之公牍，皆难细阅。是臣昔之长者今已尽失其长。而用兵拙钝，剿粤匪

或尚可幸胜，剿捻匪实大不相宜。昔之短者，今则愈形其短。明知必误大局，而犹贪恋权位，讳饰而不肯直陈，是欺君也。明知湘、淮各军相信颇深，而必遽求离营，不顾军心之涣散，是负恩也。臣不敢欺饰于大廷，亦不忍负疚于隐微，唯有吁恳天恩，准开协办大学士、两江总督实缺，并另简钦差大臣接办军务。臣以散员留营，不主调度赏罚之权，但以维系将士之心，庶于军国大事毫无所损，而臣之寸心无忝。即病体亦可期渐愈，感激鸿施，曷有既极。所有微臣病难速痊，请开各缺，仍留军中效力缘由，谨缮折具陈，伏乞皇太后、皇上圣鉴训示。谨奏。

复任两江总督

于是，清廷令曾国藩回复两江总督本任，令李鸿章代替曾国藩任钦差大臣，专办剿匪事宜，时在同治五年丙寅（1866 年）十一月二日。朝廷又以两江总督的责任綦重，没有批准曾国藩以散员在军营维系湘淮军心、效力军务的请求。

李鸿章取代曾国藩

当时曾国藩再三上疏固辞回任，但朝廷以优旨慰留，不许其请。上谕写道：

曾国藩为国家心膂之臣，诚信相孚已久，当此捻逆未平，后路粮饷军火无人筹办，岂能无误事机？曾国藩当仰体朝廷之意，为国家分忧，岂可稍涉疑虑，固执己见！着即禀遵前旨，克期回任，俾李鸿章得专意剿贼，迅奏朕功。该督回任以后，遇有湘、淮军事，李鸿章仍当虚心咨商，以期联络一气，毋许再有固请，用慰廑念。

曾国藩又在呈递辞表的同时，援引古人自贬之义，上表返还其爵秩。其疏写道：

臣于同治三年（1864年）七月蒙恩赐封一等侯爵，世袭罔替。祗承恩命，惧弗克胜。维时金陵幸克，初立功绩，皆赖诸将之力。朝廷论功行赏，恩赉有差，各将士皆邀殊荣。臣忝居统帅，不敢立异固辞。然自拜命以来，无日不兢兢业业，恐负非常之宠，而贻不称之讥。去岁奉命剿捻，至今已一年零五个月，毫无成效，虽圣主不加谴责，而臣心实觉悚惶，应恳天恩收回成命，敕部将臣所得封爵暂行注销。此后臣效力行间，如果病体痊愈，续有微劳，再当乞恩赏还爵秩，谨法古人自贬之义，以明微臣抱歉之忱，不敢稍涉矫激。理合附片具陈，伏乞皇太后、皇上圣鉴训示。谨奏。

心事光明正大

以此可以想见，曾国藩心事光明正大，古代君子也有所不及之处。而清廷没有批准他的请求。

御史的弹劾

曾国藩辞去了钦差大臣的职务，但清廷没有批准他辞去两江总督和返还爵秩的请求，他不得已而奉命暂以两江总督关防驻节于徐州。当时御史穆缉香阿奏劾曾国藩没有军功，请朝廷斥责，朝廷未予采纳。

李鸿章与戡定捻军

李鸿章取代曾国藩总督征讨捻军的军务，曾国藩写信给他，其中写道：

吾二人视剿捻一事须如李家曾家之私事一般。

曾国藩在后路，为李鸿章准备应援，李鸿章也每事都与曾国藩商议，变通利用河防、长墙圈围的策略，至同治七年戊辰（1868年）正月为止，才取得戡定东西捻军的胜利。当时朝廷对曾国藩有优诏表彰，其中写道：

筹办淮军后路军火，俾李鸿章克竟全功。

由此可知，镇压捻军的首功归于李鸿章，而曾国藩的功劳是在后路督促、鼓励李鸿章，为之筹办弹药、粮食，使他无后顾之忧，得竟全功。李鸿章之所以得竟全功，不外乎采用曾国藩的作战方案，扩充方案的规模，所以曾国藩功不可没。李瀚章写道：

> 公以捻踪流窜无定，宜用有定之法制之。因综核全势，建为四镇分屯之策，于济宁、徐州、临淮、周口积糒缮械，随贼所向，我军取资无乏。又分遣员弁劝民修筑堡塞，断贼接济。布置既定，捻势渐蹙。旋以疾作，请解兵柄。上虽念军中劳苦，非所以养疴，命公还督两江，而以瀚章弟鸿章代任军事。鸿章素承教诲，恪守成规，罔敢或易。贼穷窜入鄂，公弟沅圃中丞方任鄂抚，以公旧部鲍提督超之兵剿贼于永隆河，大破之。贼狼狈返奔，鸿章因而驱之，遂得蒇事。

以上记述写出了实情。李鸿章也写道：

> 迨金陵既克，累函嘱臣勿散淮勇，以备剿捻之用。同治四五年（1845—1846年）间，曾国藩剿捻齐豫，虽未见速效，然长墙圈制之策，实已得其要领。臣得变通尽利，以竟全功。其创始之劳，实不可没。

他将创始之功归于曾国藩，确为公论。然而，曾国藩在捻军平定之时，写信给李鸿章说：

> 仆不以倒守运河为然，今或赖此以收大功。昔年不以救援常熟为然，厥后克复苏垣，即基于此。可见军事无险着即无奇功，不宜

太平稳也。

他将功劳让给李鸿章，可见其谦德。

曾李相继奏功

公平而论，戡定捻军的功业，为曾、李相继获得的成功。李鸿章若无曾国藩，不能取得开始的成功；曾国藩若无李鸿章，也不能取得最后的成功。两者是互不可分的。

第十七章　天津教案与曾国藩

转任直隶总督

同治七年戊辰（1868 年）闰四月，曾国藩授武英殿大学士。同年六月，以平定捻军的功劳出任直隶总督。于是曾国藩从金陵出发，前往北京，谒见皇帝及皇太后，应咨询而奉答。同治八年己巳（1869 年）正月，他从都城出发，前赴直隶保定的任所视事。同治九年庚午（1870 年）五月，天津教案发生，他奉命前赴天津与法国公使罗淑亚交涉，为御史奏劾，告病辞职，下年四月再次转任两江总督。

天津教案的起因

天津教案因何而起？据《曾文正公事略》记载如下：

> 初，天津有奸民张拴、郭拐以妖术迷拐人口，知府张光藻、知县刘杰拿获正法。旋据桃花口民团缉获迷拐李所之武兰珍，讼县供称，受迷药于教民王三。于是同阎宣传天主教堂遣人迷拐幼孩，挖眼剖心，以为药料。又云义冢内尸骸暴露，皆教堂所弃，人情汹汹。

三口通商大臣崇厚率天津道周家勋等会法国领事官罗大业带兰珍赴堂质讯。兰珍语言支离，多与原供不符，案不能案。崇厚遂回署，适士民观者麇集，偶与教堂人有违言，抛砖相击。罗大业径至崇厚署内，咆哮恣詈，崇厚抚慰之，不从。击崇厚，不中。路遇杰，复以枪击之，误伤其仆。居民见者皆忿（愤）怒，遂殴毙罗大业，鸣锣集众，焚毁教堂洋房数处。教民及洋民死者数十人。崇厚上疏自劾，并请饬地方大吏来津查办。

由此可知，天津教案的起因，在于迷拐儿童的问题；而乱民骚扰的结果，不仅杀害了天津的传教士，还有法英德俄等国人数十名为之丧生。

天津教案与各国交涉

此时，法英德俄四国联合起来，有逼迫清廷之势。

遗书

曾国藩当时正在赐暇静养之中，带病奔赴天津处理教案。临出发前，暗下决心，写好遗书，将死后之事诚嘱两个儿子。遗书中说：

> 余即日前赴天津，查办殴毙洋人焚毁教堂一案。外国性情凶悍，津民习气浮嚣，俱难和叶，将来构怨兴兵，恐致激成大变。余此行反复筹思，殊无良策。余自咸丰三年募勇以来，即自誓效命疆场，今老年病躯，危难之际，断不肯吝于一死，以自负其初心。恐避近及难，而尔等诸事无所禀承，兹略示一二，以备不虞。

教案与舆论

天津教案，从今日来看，只是一个琐屑的小问题，不需要花费决定生死的苦心。但在当时则不然。曾国藩若答应外国的要求，顾全和局，因舆论激昂，或许会有身首异处的奇祸上身，也未可知。若是服从舆论，拒绝外国的

天津教案中被毁的第一代仁慈堂。1870年（同治九年）四五月间，天津发生多起儿童失踪绑架的事件。6月初，天气炎热，疫病流行，育婴堂中有三四十名孤儿患病而死，每天有数百人到坟地围观，挖出孩子的尸体查看。于是民间开始传言"外国修女以育婴堂为幌子，实则绑架杀死孩童作为药材之用"等荒谬谣言。1870年6月20日，一名被居民扭送官府的匪徒武兰珍口供中又牵连到教民王三及望海楼天主堂。于是民情激愤，士绅集会，书院停课，反洋教情绪高涨。第二天清晨，天津知县刘杰带人犯武兰珍去教堂对质，发现该堂并无王三其人，也没有武兰珍所供的席棚栅栏，"遍传堂中之人，该犯并不认识，无从指证"。故证明，以为对教堂和仁慈堂的误解误会，但此时群众已经无从分辨真假。

要求，则战端必开，国家无疑会陷入危难。所以曾国藩实无良策，惟（唯）有下定决心，一死以尽其责。

曾国藩对于天津教案，承认其曲在我，一意避免无谋之战，保全和局，所以他抵达天津后，主要以"圣意怀柔，安国济民"的宗旨谕令天津百姓。

天津有个"水火会"，入会者崇尚豪侠意气，不顾生死。咸丰初年，太平军窜入北方，民团将之击退，北京因而得保安全。开港以来，民团与教民时时互斗，当局者委曲求全，民团心不能平。教案发生后，他们预期曾国藩一来便会出战，有人说要借津民的义愤赶走洋人，有人提出联合俄、英攻击法国，也有人主张募集兵勇应援。然而，曾国藩来后，谕令津民不要擅起兵端，令民团十分失望。而曾国藩不愿讨好舆论而担负误国之责，是有所深虑的，所以制订了讲和的策略。在写给崇厚的信中有"祸则同当，谤则同分"之语，在其报友人书中也有"宁可得罪于清议，不敢贻忧于君父"之言，可以想见其决心如何之大。

法国公使的要求

当时，法国公使罗淑亚提出四点要求，一为赔修教堂，二为埋葬罗大业，三为将地方官革职，四为处死元凶。与此同时，法国公使又要求处罚府县官员及提督陈国瑞。曾国藩认为，对以上四个要求，到了万不得已之时，是不可拒绝的，但对处罚府县官员与提督一条，则严词拒绝。由于法国公使不答应，曾国藩部分同意了这条要求，奏请将张光藻及刘杰二人交刑部治罪。

御史的弹劾

于是朝野上下舆论嚣嚣，都认为曾国藩屈从于外国，鸣其不可。以至于北京群官及御史弹劾曾国藩。当时曾国藩在给家人的书信中写道：

> （府县）二人俱无大过，张守尤洽民望。吾此举内负疚于神明，外得罪于清议，……不料老年遭此大难。……余才衰思枯，心力不劲，竟无善策，惟（唯）临难不敢苟免，此则虽毫不改耳。

从中可以看出他的处境艰苦。

转任两江总督

崇厚担心法国公使的要求逼迫太紧，或许会令大局溃裂，奏请再派重臣赴天津办理此案。于是清廷令兵部尚书毛昶熙赴天津，与曾国藩一起处理教案。毛昶熙、吴元炳（侍讲）、刘锡鸿（员外郎）、陈钦（总理衙门章京）等人一起到来，与法国公使交涉辩论，所议未决，曾国藩不久便引责转任两江总督，李鸿章继任直隶总督，此案渐告妥结。

李鸿章出任直隶总督

李鸿章出任直隶总督之后，当时欧洲有普法大战，列国也无暇顾及教案问题，而法国公使对中国的态度发生变化，李鸿章得到意外的好机会，得以顺利地谈成和局。李鸿章写道：

> 曾国藩自谓不习洋务，前岁天津之事，论者于责望之余，加以诋议。曾国藩亦深自引咎，不稍置办。然其所持大纲，自不可易。

曾国藩与和平主义

由此可知，李鸿章解决教案，完全体会了曾国藩的和平主义，加以妥善的处置。

大纲自不可易

所谓"所持大纲自不可易"，就是这个意思。当时丁日昌论道："自古局外议论，不谅居中之艰难，一唱百和，惑圣听，挠大计，终之事势决裂，国家受无穷之累，而局外不与其祸，反得持清议之名。"

曾国藩在教案问题上，意外地成为众谤的焦点；但李鸿章继承其志，缔结了和平的局面。由此看来，也无遗憾。

第十八章　总督曾国藩（上）

◇百务创举　◇整顿盐政　◇整顿行政　◇直隶清讼事宜十条　◇充实军备与兴修水利

百务创举

曾国藩任两江总督，自咸丰十年庚申（1860 年）至同治七年戊辰（1868 年）六月，在职九年。他任直隶总督，自同治七年（1868 年）六月至同治九年庚午（1870 年）七月，不过两年时间，而最后又任两江总督，自同治九年（1870 年）七月至同治十一年壬申（1872 年）二月，也有近两年时间。在此，我认为有必要考察他作为两江总督和直隶总督有些什么政绩。

曾国藩作为经世家，不可不从事立法、行政与理财。从他在两江总督和直隶总督任上的情况来看，他一方面亲历栉风沐雨之劳，创订水陆营制；与此同时，另一方面又劝农商，兴文教，行保国爱民之实。江南平定之后，民气大苏，人心安堵，仰慕其德，恰如赤子之于慈母。李鸿章写道：

> 曾国藩之在江南，治军治吏，本自联为一气。自军旅渐平，百务创举，曾国藩集思广益，手定章程，期可行之经久。劝农课桑，修文兴教，振穷戢暴，奖廉去贪，不数年间民气大苏，而宦场浮滑之习亦为之一变。

曾国藩在乱后首蠲宿弊，施善政，以绥抚民心为主，诚如其言。

整顿盐政

曾国藩作为两江总督，最大努力、最著功绩的事业，在于整顿两淮地方即安徽、江苏、江西并湖广地方的盐业。北京政府从盐业专卖所得的租税，在政府每年收入中占有最紧要的位置。但太平军大乱以来，盐业极为衰敝，其生产大为减少，盐政司或监督涉盐大区督抚的许可即证票办法，也遭到严重破坏。因此，曾国藩苦心经营，手定章程，着手整理，如《淮盐西岸认运章程》《淮盐运行皖岸章程》《淮盐运行楚岸章程》《淮北票盐章程》等等。新法实施以来，盐业渐渐振兴，湘淮两军的军费多靠盐税供给，北京政府国库收入也大大增加。

> 两淮鹾务，自兵燹以后，疲滞极矣。商本既亏，引岸渐废，加以营弁把持，票法全坏。曾国藩自驻安庆，即将淮南鹾纲次第整理，奏定新章，以运商运盐到岸，弊在争售，则立督销总局，以整轮规。场商收盐入垣，弊在抢跌，则立瓜洲总栈，以保牌价。以商本宜轻方利，转谕则定缓厘，以纾商力。正课所入，丝毫为重，则定奏报，以务稽查。计自同治三年春初至九年冬杪，共收课银至二千万两以外，厘钱至七百万贯以外。近来湘淮各军饷项及解京之饷，实以盐利为一大宗。而商民乐业，上下护益，则其平日用意之公且溥，尤有在立法之外者矣。

由此可知曾国藩在整顿盐业方面功绩很大。

整顿行政

曾国藩在任直隶总督期间，首先厉行整顿行政，振肃官纪，注意简拔人才，免除其他繁文缛节，禁止讼狱留滞，严治盗贼横行，减轻差徭的繁重，实施各项善政，令士民耳目一新。

曾公祠中曾国藩的石刻壁画。被称之为晚清一代名臣的曾国藩，在担任两江总督期间，对两淮盐务进行了整顿。在淮北，他停止饷盐，裁减厘卡，大力推行票盐制，取得了比较明显的效果。在对淮南盐务的整顿上，则体现了其"寓纲法于票盐"的思想，希冀规复淮南引地，从而增加盐税收入。曾国藩晚年曾数次来扬州，据《清宫扬州御档》相关记载，位于今康山街20号的曾公祠，就是当年两淮盐商集资建造，后为了祭祀曾国藩，由刚建好一年的盐宗庙改建而成的。

直隶清讼事宜十条

其中最著名的，是所谓《直隶清讼事宜十条》。其要目如下：

第一条 通省大小衙门公文宜速

第二条 保定府发审局宜首先整顿

第三条 州县须躬亲六事，不得尽信幕友丁书

第四条 禁止滥传滥押，头门悬牌示众

第五条 禁止书差索费

第六条 四种四柱册，按月呈报悬榜

第七条 严治盗贼，以弭隐患

第八条 讼案久悬不结，核明注销

第九条 分别皂白，严办诬告讼棍

第十条 奖借人才，变易风俗

十条全部切中时弊。曾国藩同时手订《直隶清讼限期功过章程》，希望获得实效。

曾国藩花费精力最多的公务，在于举有能、黜无能，以振作士气。李鸿章说：

其在直隶未及两年，如清积讼，减差徭，筹荒政，皆有实惠及民，前后举劾属吏两疏，尤为众情所翕服其法。于莅任之始，令省中司道将所属各员酌加考语，开折汇进，以备校复。一面留心访察，偶有所闻，即登之记簿，参伍错综，而得其真。俟贤否昭然，具疏举劾，阖省惊以为神，官民至今称颂。曾国藩平生未尝专讲吏事，然其培养元气，转移积习，则专精吏治者所不逮也。

由此可知曾国藩的行政改革取得了很大的功绩。

充实军备与兴修水利

在行政改革的同时，曾国藩致力于充实军备、兴修水利两大事业。曾国藩认为："直隶近岁北有马贼，南有教匪，东与各省接壤，枭匪出没，降捻游勇亦多散在其间，一旦有变，旬日啸动，动辄以千计，苟非劲旅星速剿捕，则恐酿成大变。此内患也。"此外，陕西的回民军势力仍然很大，要加以严防。洋务日趋安恬，但天津的守御也不可忽略。于是他制定充实军备的计划，兼用湘淮两军的营制，招募北勇，加以训练。曾国藩又亲自视察永淀河，着手兴修河工，而都有绩效。钱鼎铭写道：

> 天子廑（勤）念畿辅，诏公以通侯上相由江南移节钺来镇兹土。公始入觐，即疏陈畿辅宜丞治者三，曰吏治，曰河工，曰军政。朝野士民仰望风采。比下车，则视属官之能职不能职者而论荐黜罢之。其讼狱之滞留者，徭赋之繁重者，税盐之递变而失本制者，公皆平决而厘定之，以敕群吏。其于河则审求水所利害，循流疏决，俾还其居。其于治军，则阅丁籍，简军实，选将募士，转孱军为劲旅。盖公所陈三事，不及期月，皆已兴举政成，民和官修，其事诸所规画（划），如置器于地，罔不帖妥。如春风吹枝，顷刻改色，措邦几千里于泰山之安。有莫测其所由然者，而公方退然而不以自慊也。

曾国藩之才大，所以在行政、吏务、军政、商务、法制各方面，到处都能取得绩效。

第十九章　总督曾国藩（下）

◇讲求洋务　◇制造船舰　◇建设水师　◇编制陆军　◇制造兵器　◇洋学　◇学校　◇向欧美派遣俊才　◇不尚空言重实践

讲求洋务

曾国藩作为一位总督，显示他作为经世家的本领之处，不仅在于内政改革，还在于率先天下讲求洋务，以建设国家富强的基础。在曾国藩的青年时代，清朝就与欧美各国开始交往，但清廷统治着四亿人口，醉生梦死，不能达观世界大势。道光年间鸦片战争的结果是赔款割地；咸丰年间英法联军侵入北京，有皇帝蒙尘之祸。但朝廷仍不知外交为何事，立国大计束手无策。正当此时，曾国藩率先察知列国大势，寻求自强之道，首先讲求洋务，其先见达识可谓拔群。

制造船舰

曾国藩在任两江总督与直隶总督期间，主要着眼于洋务，不懈地讲求洋务，孜孜不倦，一日不止，在这里有特别指出的价值。曾国藩认为洋务中最急需的，一是建设水师，二是编制陆军，三是兴洋学，四是办学校，五是将俊才派往欧美。咸丰十一年（1861 年），曾国藩初次建议制造船舰，同治二年（1863 年）在安庆府设局从事机器制造业；此后，同治四年（1865 年）于上海开设机器局，同治六年（1867 年）首次制造出"恬吉"号，船舰制造的事业从此更加红火。

建设水师

中国海军基础的形成，完全是曾国藩的首倡之功。同治七年戊辰（1868年）九月初二日，曾国藩在《奏陈新造轮船及上海机器局筹办情形折》中写道：

> 窃中国试造轮船之议，臣于咸丰十一年（1861年）七月复奏购买船炮折内即有此说。同治元、二年（1862年—1863年）间驻扎安庆，设局试造洋器，全用汉人，未雇洋匠。虽造成一小轮船，而行驶迟钝，不甚得法。二年冬间，派令候补同知容闳出洋购买机器，渐有扩充之意。湖广督臣李鸿章自初任苏抚，即留心外洋军械。维时，丁日昌在上海道任内，彼此讲求御侮之策，制器之方。四年五月，在沪购买机器一座，派令知府冯焌光、沈保靖等开设铁厂，适容闳所购之器亦于是时运到，归并一局。始以攻剿方殷，专造枪炮，亦因经费支绌，难兴船工。至六年四月，臣奏请拨留洋税二成，以一成为专造轮船之用，仰蒙圣慈允准，于是拨款渐裕，购料渐多，苏松太道应宝时及冯焌光、沈保靖等朝夕讨论，期于必成。
>
> 查制造轮船，以气炉、机器、船壳三项为大宗。从前上海洋厂自制轮船，其气炉、机器均系购自外洋，带至内地装配船壳，从未有自构式样造成重大机器、气炉全具者。此次创办之始，考究图说，自出机杼。本年闰四月间，臣赴上海察看，已有端绪。七月初旬，第一号工竣，臣命名曰恬吉轮船，意取四海波恬、厂务安吉也。……上年试办以来，臣深恐日久无成，未敢率尔具奏。仰赖朝廷不惜巨款，不责速效，得以从容集事，中国自强之道，或基于此。各委员苦心经营，其劳勚亦不可没也。

从"恬吉"号开始，其后的"威靖""操江""测海"等船舰造成，都是曾国藩命名的。

编制陆军

曾国藩组织常胜军镇压太平军之后，认识到必须用西法编制陆军，其后创定直隶练军，稍以西式训练教习，到李鸿章手里才扩张其规模，进行军政改革。

制造兵器

曾国藩又认识到武器改革的紧迫性，创设铁厂机器局，和制造轮船一样取得了成效。曾国藩在奏疏中写道：

> 该局（铁厂制造局）向在上海虹口暂租洋厂，中外错处，诸多不便，且机器日增，厂地狭窄，不能安置。六年夏间，乃于上海城南兴建新厂，购地七十余亩，修造公所，其已成者，曰气炉厂、曰机器厂、曰熟铁厂、曰洋枪楼、曰木工厂、曰铸铜铁厂、曰火箭厂、曰库房、栈房、煤房、文案房、工务厅暨中外工匠住居之室。房屋颇多，规矩亦肃。

这就是所谓"江南机器局"之滥觞，可谓兵器改革的首倡。

洋学

曾国藩又认识到必须讲求洋学，在制造轮船与兵器的同时，开设"方言馆"，以兴办翻译事业。曾国藩在奏疏中写道：

> 另立学馆以习翻译。盖翻译一事，系制造之根本。洋人制器出于算学，其中奥妙皆有图说可寻。特以彼此文义扞格不通，故虽日习其器，究不明夫用器与制器之所以然。本年局中委员于翻译甚为究心，先后订请英国伟烈亚力、美国傅兰雅、玛高温三名，专择有裨制造之书，详细翻出。现已译成《气机发轫》《气机问答》《运

　　江南制造总局大门。江南制造总局成立于1865年9月20日的上海，由曾国藩规划，后由李鸿章实际负责，是李鸿章在上海创办的规模最大的洋务企业。它不断扩充，先后建有十几个分厂，雇用工兵2800人，能够制造枪炮、弹药、轮船、机器，还设有翻译馆、广方言馆等文化教育机构。但是，它在管理上仍然存在着浓厚的衙门习气。

规约指》《泰西采煤图说》四种，拟俟学馆建成，即选聪颖子弟随同学习，妥立课程，先从图说入手，切实研究，庶几以理融贯，不必假手洋人。亦可引申，另勒成书。

后来洋学即翻译事业发展起来，也就是因为曾国藩的首倡打下了基础。

学校

曾国藩又开设学校，鼓吹子弟学习技术的必要性。无疑是在曾国藩的首倡下，左宗棠开设福州船政局，后来又兴建学堂，令法国人将造船、行船的所有方法教授给中国人；李鸿章则在天津兴办水陆学堂。

向欧美派遣俊才

曾国藩又认为，让朝野的俊才游历欧美各国，研习新的知识，是中国的急务。同治十年辛未（1871 年）七月，他与李鸿章一起就此事奏请朝廷，其奏疏大意为：派委令刑部主事陈兰彬、江苏同知容闳选聪颖子弟赴泰西各国肄习技艺，从前斌椿、志刚、孙家毂等奉命游历海外，亲见各国军政、船政皆视为身心性命之学，中国当师仿其意，藉通其法。查照美国新立和约，拟先赴美国学习，计其程途，由东北太平洋乘轮船径达美都，月余可到，已饬陈兰彬等酌议章程，所需经费请饬下江海关于洋税项下按年指拨，勿使缺乏。并请饬下总理衙门将该员所议章程酌核。

日本政府讲求睦邻之道，派遣使节，清廷垂询曾国藩及李鸿章是否可行，曾国藩与李鸿章都上陈意见，认为完全应该批准。由此可见，他的看法已超越时流。

不尚空言重实践

李鸿章写道：

曾国藩居恒以隐患方长为虑，谓自强之道，贵于铢积寸累，一步不可踏空，一语不可矜张。其讲求之要有三，曰制器，曰学技，曰操兵。故于沪局之造轮船、方言馆之翻译洋学，未尝不反复致意。其他如操练轮船，演习洋队，挑选幼童出洋肄业，无非求为自强张本。盖其心兢兢于所谓绸缪未雨之谋，未尝一日忘也。

由此可见，曾国藩在洋务方面不存空言，而在于实行。

第二十章 北京政局与曾国藩

◇清廷无维新之格局 ◇有关中国改革的意见 ◇改革五条 ◇北京政府的实权犹在满族人之手 ◇汉人有能的代表者 ◇上策 ◇中策 ◇中兴统一之业非遇明君不得行 ◇曾国藩得其时而不得其君

清廷无维新之格局

同治甲子，太平军已告戡定，穆宗奉告祖先历代帝陵及宗庙，庆祝其成功。但维新事业并无成就的规模。剿灭捻军之后，朝廷任命曾国藩为直隶总督，任命李鸿章为两江总督，都是一时的英断，但并无改革祖法的决心。同治以来，汉族人才往往得到提拔，其中湖南、安徽之士占据中央及地方要职者为数不少，而围绕清廷构成北京政府者，多为顽陋守旧、苟安姑息的士人，政府大臣中少数人洞察中外形势，懂得改革为不得已之事，却没有主张改革的勇气与自信，而曾国藩的抱负与经纶也无法发挥出来，岂非千秋之遗憾！

有关中国改革的意见

清廷镇压太平军大乱之后，社稷得以保全，这是曾国藩的功劳。然而，曾国藩的本领未必在于攻城野战，他也决不满足于此。因此，曾国藩企图乘戡定太平军与捻军的机会，对北京政府进行大的改革，以成就中兴统一的大业。出任直隶总督之后，他于同治七年（1868年）十二月抵达北京，谒见皇帝，进言道：宇内大势，决不容许中国苟安存立，北京政府必须改造。其奏疏重点如下：

今由陛下之威灵，将帅兵勇之忠勇，大憝已平，海内得重仰天日，诚万民之幸也。然大乱仅平，疮痍未愈，旧弊长存，新政未布，是绝非陛下高枕之秋。本朝已衰，欲兴国运，发扬宇内，以光祖业，陛下宜以非常之大英断、大决心，行一大革新，徐鉴宇内之大势，远定社稷之长计，以开中兴之基。臣窃察当今之时势，自戎行之起以来，海内之士苟具一技一能者，若非去与乱贼，则来竭忠于本朝。去者悉就剿灭，来者举任其能。臣不肖自揣，陛下与重臣协心，或识之于行间，或拔之于草泽，文武为将为卒，各尽其材。今野无遗贤，人才举为朝廷之用，陛下若于此时行一大革新，其功易成，其弊易无。况兵革初收，民希新政如望云霓，中兴大业，唯在此时。若夫陛下惮违祖宗，不行革新，株守旧制，一旦失此时会，臣窃恐本朝长兴无期，多年内患再生，外患伴之，而中国终为英俄虎狼之饵矣。

改革五条

曾国藩上疏的要点，有以下五条：

一、将国都迁往中枢要地；

二、一扫文弱之弊，兴起尚武之风；

三、厘革军政，编制海陆军，由中央政府总揽兵马之实权；

四、整理财政，对之实行中央集权；

五、变革采士之法，弃虚求实。

这是根本性的改革大纲，是中国中兴的至计。然而，当时穆宗虽予以嘉纳，却害怕违反祖宗成法，不能断然实行，对曾国藩谕曰："祖法之变革，宗社一大事也。朕当会宗室重臣议之。"曾国藩又奏道："希所唯在陛下之宸断。"然而终未为其所听从。曾国藩作为直隶总督、两江总督，从事陆军及海军的编制，至于改造中国政府的抱负，却始终未能实行。

　　洋务运动，又称自强运动、同治维新，是清后期至清末时，清廷洋务派官员以"师夷长技以制夷"为发展基础，在全国展开的工业运动。"师夷之长技以自强"和"师夷之长技以求富"分别是前期与后期的运动口号和目标。该运动自 1861 年至 1895 年，持续约 35 年。洋务运动是近代中国首次大规模的全国性西方工业运动，它是在封建皇权的背景下发生的。洋务运动引进了大量的西方科技及各类西方著作文献，培养了一批留学童生，打开了西学之门；学习近现代的公司体制则为中国带来大批工业及化学企业，有助中国走上工业发展和现代化之路。然而当时的中国，却难逃洋务运动失败的命运。因为清军北洋水师在甲午战争中全军覆没，沉重打击了清廷的信心，洋务运动黯然收场。图为金陵机器制造局自制的格林炮。

北京政府的实权犹在满族人之手

镇压太平军与捻军之后,满汉权力消长的关键在于汉人参政所占的位置。从这时起，北京政府的实权仍在满族人之手。

汉人有能的代表者

在太平军与捻军起事之前，满族藩阀的势力炽盛，事实上，汉人不过屏息仰承其鼻息而已。但太平军起事以来,同治初年,文祥、沈桂芬任军机大臣，实为汉人参与政权的起始，此后任封疆大吏即总督巡抚者为数不少，而汉人的实力逐渐凌驾于满族人之上，这就是镇压太平军与捻军的结果。曾国藩、李鸿章作为戡定太平军与捻军的首功者，作为汉人有能的代表者，出任直隶总督和两江总督，原因也在这里。而总督的权力不管如何炽盛，如何伟大，也不过在一个地方之内行使,对其他省份并无任何权力。详言之,总督的位置，略同于日本封建时代诸侯的位置，不同的只是其管辖范围比较广大。中央政府的权力虽已衰退，但仍有任免各地总督的权力。都察院的御史，作为君主的耳目，参与议政与司法，有权弹劾各地高官。君德君权虽无总括二十三省的实权，但军机大臣却握有政府的实权。所以，尽管曾国藩的资望势力隐然覆盖天下，尽管天下无人可以与之比肩，但其所居的地位不过大学士而已，不过总督而已，没有军机大臣的实权，不得展其抱负，展其经纶，也不足怪。

上策

当时，若为曾国藩谋划，上策是乘着镇压太平军之机，率所部湘军北上，挟天子而占帝国大宰相之位，将国都迁往中枢要地，以改造中央政府，从事维新大业。

中策

中策是在剿灭捻军之后，乘北上之机，以直隶总督兼军机大臣的职位，在北京改革兵制，整理财政，变更制度，渐图汉满合同，收到新政统一的实效。而曾国藩则不然，仅止于奏陈新政统一的意见，而未讲求实行新政的大策略；仅止于按照上谕去办事，是因为他有大德量，而缺乏大策略。我不得不深为曾国藩而惋惜，也为中华帝国而惋惜。

中兴统一之业非遇明君不得行

然而，自古中兴统一大业，非遇明君不得行。管仲之于齐桓公，俾斯麦之于威廉皇帝，加里波第之于维托里奥·埃马努埃莱皇帝，都是如此。

曾国藩得其时而不得其君

曾国藩德量、器识、智勇虽得其时，却未得遇明君的机会，所以虽然成功镇压了太平天国的大乱，却不能建立中兴统一的伟业，也未必只是缺乏英雄大策略的缘故吧。

第二十一章　军政家曾国藩

◇善将将之本领　◇团练民勇乃兵制一大革新　◇《陆军得胜歌》　◇编制骑兵　◇长江水师　◇《水师得胜歌》　◇用兵之道以保民为第一要义　◇《爱民歌》

善将将之本领

从曾国藩作为军人的资格而言，攻城野战，决胜于两阵之间，他不如左宗棠；坚韧不拔，胆勇绝伦，破坚摧锐，他不如曾国荃；善谋能断，出奇制胜，他不如李鸿章。然而，若论度量阔大，智虑周匝，胆识兼优，谋略超群，有善于将将之本领，要推曾国藩为第一人。曾国藩起于儒臣，无尺寸之权，训练组织团勇，终能戡定清朝未曾有过的大乱，又出余力，征讨捻军，所以他最不可及之处，不仅在于有将将之度量，同时具有军政家的资格。

团练民勇乃兵制一大革新

团练建设民勇，是清朝兵制的一大革新，其组织主要是由曾国藩的智力所决定的，其兵例与英国的义勇兵大致相同，拿欧洲各大强国的文明兵制与之相比，缺点固然颇多，但在清朝，这无疑是兵制的一大进步，后来的洋式编制就是以此为基础。考察其营规，有《招募之规》二条。其第二条为：

> 募招须择技艺娴熟、年轻力壮、朴实而有农夫土气者为上，其油头滑面、有市井气者，有衙门气者，概不收用。

征募年轻力壮的人，显示了湘勇的勇武，《日夜常课之规》规定了起卧饮食的时刻及操演的时刻等等；《扎营之规》设置了驻屯的规定；《行路之规》设置了行军的规定；又有《禁扰民之规》《禁止洋烟》《禁止赌博》《禁止喧哗》《禁止奸淫》《禁止谣言》《禁止异服》，都是为了严肃军纪；《稽查之规》设置了检查的规定，以期整饬营务的秩序。这些都是切中时弊的规定。由此也可看出曾国藩富有组织头脑之一斑。

《陆军得胜歌》

咸丰六年丙辰（1856 年），曾国藩在江西省南昌府时，创作了《陆军得胜歌》，从中足以看出曾国藩如何为兵制组织与军队训练而付出苦心孤诣，现照录如下：

> 三军听我苦口说，教你陆战真秘诀。
>
> 第一扎营要端详，营盘选个好山冈。不要低洼潮湿地，不要一坦大平洋。后有退步前有进，一半见面一半藏。看定地方插标记，插起竹竿牵绳墙。绳子围出三道圈，内圈略窄外圈宽。六尺墙脚八尺濠，濠要筑紧墙要牢。正墙高要七尺满，子墙只要一半高。烂泥碎石不坚固，雨后倒塌一缸糟。一营只开两道门，门外驱逐闲杂人。周围挖些好茅厕，免得热天臭气熏。三里以外把个卡，日日守卡夜夜巡。
>
> 第二打仗要细思，出队要分三大支。中间一支且扎住，左右两支且出去。另把一支打接应，再要一支埋伏定。队伍排在山坡上，营营四处好了望。看他哪边是来路，看他哪边是去向。看他哪路有伏兵，看他哪路有强将。哪处来的真贼头，哪边做的假模样。件件看清件件说，说得人人都胆壮。他呐喊来我不喊，他放枪来我不放。他若扑来我不动，待他疲了再接战。起手要阴后要阳，出队要弱收队强。初交手时如老鼠，越打越强如老虎。打散贼匪四山逃，追贼

专从两边抄。逢屋逢山搜埋伏，队伍切莫乱分毫。

第三行路要分班，各营队伍莫乱掺。四六队伍走前后，锅帐担子走中间。不许争先太拥挤，不许落后太孤单。选个探马向前探，要选明白真好汉。每日先走二十里，一步一步仔细看。遇着树林探村庄，遇着河水探桥梁。遇着岔路探埋伏，左边右边都要防。遇着贼匪来迎敌，飞马回报不要忙。看定地势并虚实，迟报一刻也不妨。前有探马走前站，后有将官押尾帮。过了尾帮落后边，插他耳箭打一千。

第四规矩要肃静，有理有法有号令。哨官管兵莫太宽，营官也要严哨官。出营归营要告假，朔日望日要请安。若有公事穿衣服，大家出来站个班。营门摆设杖和枷，闲人进来便锁拿。不许吸烟并赌博，不许高声大喧哗。奸淫掳掠定要斩，巡更传令都要查。起更各哨就安排，传齐夫勇点名来。营官三夜点一次，哨官每夜点一回。任凭客到文书到，营门一闭总不开。衣服装扮要料峭，莫穿红绿惹人笑。哨官不许穿长衣，兵勇不许穿软料。脚上草鞋紧紧穿，身上腰带紧紧缠。头上包巾紧紧扎，英雄样子都齐全。

第五军器要整齐，各人制件好东西。杂木杆子溜溜圆，又光又硬又发绵。常常在手摸得久，越摸越熟越值钱。锚头只要六寸长，要出杨家梨花枪。大刀要轻腰刀重，快如闪电白如霜。枪炮钻洗要干净，铅子个个要合膛。生漆皮桶盛火药，勤翻勤晒见太阳。锄锹镢子要粗大，斧头要嵌三分钢。火球都要亲手制，六分净硝四分磺。旗帜三月换一次，红的印心白的镶。统领八面营官四，队长一面哨官双。树树摇出如龙虎，对对走出如鸳鸯。

第六兵勇要演操，清清静静莫号嘈。早习大刀并锚子，晚习跳墙并跳壕。壕沟要跳八尺宽，墙子要爬七尺高。树个靶子十丈远，火球石子手中抛。闲时寻个宽地方，又演跑队又演枪。鸟枪手劲习个稳，抬枪眼力习个准。灌起铅子学打靶，翻山过水习跑马。事事操习事事精，百战百胜有名声。

这个六条句句好，人人唱熟是秘宝。兵勇甘苦我尽知，生怕你们吃了亏。仔细唱我得胜歌，保你福多又寿多。

编制骑兵

曾国藩又编制骑兵，制订了《马队营制》。

长江水师

曾国藩又组建长江水师，设定章程十条，成为后来中国海军建设的基础，与组织民勇一样，其功最伟。

《水师得胜歌》

《水师得胜歌》系曾国藩于咸丰五年乙卯（1855 年）在江西省南康水营所作，与《陆军得胜歌》一起令将士吟诵。其歌曰：

三军听我苦口说，教你水战真秘诀。第一船上要洁净，全仗神灵保性命。早晚烧香扫灰尘，敬奉江神与炮神。第二湾船要稀松，时时防火又防风。打仗也要去得稀，切莫拥挤吃大亏。第三军器要整齐，船板莫沾半点泥。牛皮圈子挂桨桩，打湿水絮封药箱。群子包包要缠紧，大子个个要合膛。抬枪磨得干干净，大炮洗得溜溜光。第四军中要肃静，大喊大叫须严禁。半夜惊营莫急躁，探听贼情莫乱报。切莫乱打锣和鼓，亦莫乱放枪和炮。第五打仗不要慌，老手心中有主张。新手放炮总不准，看来也是打得蠢。远远放炮不进裆，看来本事也平常。若是好汉打得进，越近贼船越有劲。第六水师要演操，兼习长矛并短刀。荡桨要快舵要稳，打炮总要习个准。斜斜排个一字阵，不慌不忙听号令。出队走得一线穿，收队排得一络连。慢的切莫丢在后，快的切莫走在前。第七不可抢贼赃，怕他来杀回马枪。又怕暗中藏火药，未曾得财先受伤。第八水师莫上岸，只许一人当买办。其余个个要守船，不可半步走河沿。平时上岸打百板，

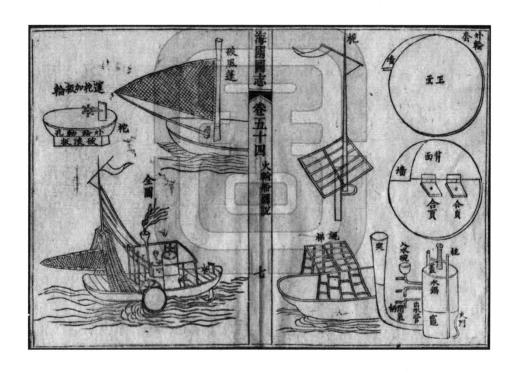

　　1862年，曾国藩在安庆建立了一个军械所，招揽专门人才。1862年4月，军械所奉命开始试验造火轮船。第二年11月，造出了一艘蒸汽动力船。但由于技术原因，这条船只行驶了一里路就开不动了。改进技术后，1865年中国第一艘有实用价值的蒸汽船"黄鹄"号建造成功了，这条55尺长、25吨重的船，时速22华里。虽然它不起眼，但却是中国人自己造的。图为《海国图志》记载的火轮船图说。

临阵上岸就要斩。八条句句值千金，你们牢牢记在心。我待将官如兄弟，我待兵勇如子侄。你们随我也长久，人人晓得我心肠。愿尔将官莫懈怠，愿尔兵勇莫学坏。未曾算去先算回，未曾算胜先算败。各人努力各谨慎，自然万事都平顺。仔细听我得胜歌，升官发财笑呵呵。

从此可以看出其用意之深，真有将将之风度，同时也有料理军政的头脑。这是其他军人及政治家所不能及的。

用兵之道以保民为第一要义

一将成功万骨枯，是描绘出了专制政治下军人本色的警句。军人只知有功名，不知有仁义；只知有勋章，不知有和平；他们无不将战争视为博取功名富贵的资本。像曾国藩这样善解战争意义即目的之人，东西古今之间能有几人！

曾国藩说：

用兵之道，以保民为第一义。除莠去草，所以爱苗也；打蛇杀虎，所以爱人也；募兵剿贼，所以爱百姓也。

又说：

设官所以养民，用兵所以卫民。官吏不爱民，是民蠹也；兵将不爱民，是民贼也。

爱民歌

咸丰八年戊午（1858 年），曾国藩在江西省建昌大营撰写了《爱民歌》，令兵勇吟诵。其歌曰：

三军个个仔细听，行军先要爱百姓。贼匪害了百姓们，全靠官兵来救人。百姓被贼吃了苦，全靠官兵来作（做）主。第一扎营不要懒，莫走人家取门板。莫拆民房搬砖石，莫端禾苗坏田产。莫打民间鸭和鸡，莫借民间锅和碗。莫派民夫来挖壕，莫到民家去打馆。筑墙莫拦街前路，砍柴莫砍坟上树。挑水莫挑有鱼塘，凡事都要让一步。第二行路要端详，夜夜总要支帐房。莫进城市占店铺，莫向乡间借村庄。人有小事莫喧哗，人不躲路莫挤他。无钱莫扯道边菜，无钱莫吃便宜茶。更有一句紧要书，切莫掳人当长夫。一人被掳挑担去，一家啼哭不安居。娘哭子来眼也肿，妻哭夫来泪也枯。从中地保又讹钱，分派各团并各都。有夫派夫无派钱，牵了骡马又牵猪。鸡飞狗走都吓倒，塘里吓死几条鱼。第三号令要严明，兵勇不许乱出营。走出营来就学坏，总是百姓来受害。或走大家讹钱文，或走小家调妇人。邀些地痞做伙计，买些烧酒同喝醉。逢着百姓就要打，遇着店家就发气。可怜百姓打出血，吃了大亏不敢说。生怕老将不自在，还要出钱去赔罪。要得百姓稍安静，先要兵勇听号令。陆军不许乱出营，水军不许岸上行。在家皆是做良民，出来当兵也是人。官兵贼匪本不同，官兵是人贼是禽。官兵不抢贼匪抢，官兵不淫贼匪淫。若是官兵也淫抢，便同贼匪一条心。官兵与贼不分明，到处传出丑声名。百姓听得就心酸，上司听得皱眉尖。上司不肯发粮饷，百姓不肯卖米盐。爱民之军处处喜，扰民之军处处嫌。我的军士跟我早，多年在外名声好。如今百姓更穷困，愿我军士听教训。军士与民如一家，千计不可欺负他。日日熟唱爱民歌，天和地和又人和。

军队若能实行此歌，就是兵强国富的真正文明之师。

曾国藩在战争方面以赫赫军功与武勋映射于人们的耳目，但其最不可及之处，不在于战略战术，而是在于善于组织兵制，指导军政，团结将士，这是他打胜仗的一大原动力。虽然他对设施的建设并不显著，但对清朝军政进步的贡献，绝对立下了不小的功劳。从来都认为李鸿章取则西法编制陆军，并组建海军，使中国一时称雄于海上，却不知他只是扩充了曾国藩的规模而已。

李鸿章对曾国藩评价道：

> 齐管夷吾有言，兵未出境而无敌者八，一聚财，二论功，三制器，四选士，五政教，六服习，七遍知天下，八明于机数。公之举也，实备此八者。

此绝非溢美的评价。曾国藩之所以为曾国藩，岂仅为独当一面之器哉！

第二十二章　经营家曾国藩

◇常识圆满，器度宏远　◇国民的首领　◇伟大的同化力　◇总合
大观　◇人才以培养出，器识以历练成　◇雅量，器度，胸襟，谦
德　◇转移风气是宏济祸乱的根本　◇大经世家之器

常识圆满，器度宏远

曾国藩作为经世家，富有立法与行政的才能，长于理财之术与军事之略；
但曾国藩之所以为曾国藩，并非在于立法、行政、理财、军事的伎俩，而在
于他是常识圆满、器度宏远的国民首领。

国民的首领

作为国民首领必须具有的本领，在于知人善任，用人而能容人，换言之，
在于统率国民的伟大的同化力。

伟大的同化力

人最难于自知。而曾国藩自知甚明。故其智虽大，却不以智者自居，而
以集人智为大；其才虽高，却不以才子自任，而以集人才为高。统合种种意见，
种种议论，将其融为一体，这就是曾国藩的同化力，是他规模宏大的原因。

总合大观

曾国藩一生的工夫在于总合大观，所以其眼光所注之处，不在物，而在

人。他曾说："吾人慎之又慎之事，只在用人二字。此外竟无着力处。"他自从做京官起，就常留心天下人才，到了出事戎轩之时，则振拔幽滞，宏奖人杰，汲汲不遗余力，虽村夫一艺亦莫不甄录，或邂逅于风尘之中，一见以为伟器，或物色于形式之外，确然许以为异材，举之以罗致于幕下。

江忠源低微之时，以公车入京，曾国藩与他款语移时，以目送之，说道："此人必以功名立于天下，然当以节烈著称。"后来，江忠源果然团练楚勇，首倡勤王，而后殉节。而正是曾国藩对江忠源始终专疏保荐，以应求贤之诏，使他得以成名。胡林翼以臬司统兵，隶属于曾国藩部下，曾国藩奏道："其才胜己十倍。"不断提拔他，使他得以展示才干。而曾国藩经营军事，依赖其力不少。李鸿章以道员留于曾国藩幕府，曾国藩奏道："文武兼备之器。"令他出任江苏巡抚的重职，组建淮军，节制常胜军。而曾国藩戡定江南，依赖其力颇大。如今看来，仅仅数一下湖南人登上督抚提镇高位的名臣，就有江忠源、胡林翼、左宗棠、曾国荃、王鑫、罗泽南、李续宾、李续宜、刘长佑、蒋益澧、彭玉麟、杨岳斌、刘松山、刘锦棠、刘岳昭、杨昌浚、刘典、唐训方、刘蓉、陈士杰、田兴恕、江忠义、曾崇光、郭嵩焘、黎培敬、鲍超、谭钟麟、已故两江总督刘坤一等。以他们为首，以文武著称于时者不可胜数。曾国藩或自书生举之，或自行伍招之，或自将士擢之，或自微官聘之，或自陇亩拔之，以忠义相切劘，以至诚相结托，各令之尽其长技，不得不归于他的明识、雅量和器度。而且，他不仅善于知人、任人，还善于容人、用人。由此可知，曾国藩之所以拔擢人才，网罗人杰，绝非为自家培养声望与势力，而是为国家而使用人才。

人才以培养出，器识以历练成

曾国藩说："天下至大，事变至殷，决非一手一足所能维持。"所以，他的取人，只要在政治、经济、军事、文学有其一长，便会优加奖借，量才录用。文武之士来谒，他立刻接见，训诲殷勤，或有难办之事，难言之隐，则博访周谘，代之筹划，别后驰书加以告诫，有师弟督课之风，有父兄期望之意。因此，不论非常英伟之士，还是自好才略之徒，都乐为其用。甚至连

長將靜趣觀天地
自有幽懷契古今

滌生曾國藩

曾国藩在经世的见识方面不如胡林翼，在经世的手段方面不如李鸿章，但他经世的器度极大，作为国民的首领，具有左右一代人心的同化力。他作为活动的首领，造作时势的资本有所欠缺，但他具有灵活、圆满，善于引导时局、控制时势的感化力。在这个层面上，曾国藩可谓上下三千年历史上最大经世家的典型。

李世忠、陈国瑞这样桀骜不驯、反复无常的人，只要有用得着的地方，他也一定会给他们写信发函，讽勉切至，夸奖他们的长处，指出他们的过错，令他们痛改前非。其意如一，莫不出于为国家培养人才的襟度。曾国藩说："人才以培养出，器识以历练成。"

雅量，器度，胸襟，谦德

善于知人，善于容人，善于用人者，有大雅量，大器度，大胸襟，大谦德。而曾国藩兼而有之。与人共事，论功则推，以之让人，任劳则引以为己责，这是曾国藩善于服人的原因。他曾与人谈到克复安庆一事，说胡林翼之筹谋居多，说道："其谋略非吾所能及。"又称赞沈葆桢说："能明断，器识才略实堪大用。"称赞杨岳斌说："战功最伟，才识远胜吾。"称赞彭玉麟说："备经艰险，有烈士之风。"称赞蒋益澧说："英勇果毅，颇有识略。"称赞鲍超说："积劳最久，立功最伟。"称赞塔齐布说："纯诚报国，忠勇绝伦。"谈到僧格林沁剿捻之事，他说："不及其积劳耐苦十分之一二。"而在克复金陵之后，归功于诸将，无一语提及其弟曾国荃的功劳。若非其雅量之大，器度之大，胸襟之大，谦德之大，是不可能做到的。

转移风气是宏济祸乱的根本

曾国藩的圣德所感，至诚所通，一开始令部下感化，继而令同僚谅解，终于令各省从而钦慕，所以他能够转移风气，也能够从总体上平定祸乱。而关键之处仅仅在善于用人。

大经世家之器

曾国藩说："除用贤外无经济。"又说："鄙人阅历世变，但觉除得人外无一事可恃。"这确实是曾国藩的经验之谈。曾国藩作为大经世家的器量当在于此。

曾国藩在经世的见识方面不如胡林翼，在经世的手段方面不如李鸿章，但他经世的器度极大，作为国民的首领，具有左右一代人心的同化力。他作为活动的首领，造作时势的资本有所欠缺，但他具有灵活、圆满，善于引导时局、控制时势的感化力。在这个层面上，曾国藩可谓上下三千年历史上最大经世家的典型。

曾国藩死后，有左宗棠，有曾国荃，有李鸿章等人，都持曾国藩的衣钵，尽力解除四百余州的危机，为国家完成他们的使命。李鸿章死后，后继有人。可见曾国藩的功业经久愈盛，其规模亘远愈大。这就是曾国藩成为大经世家的原因。

第二十三章　外政与曾国藩

◇外交政策与王道主义　◇与门罗主义一致　◇光明俊伟　◇外国
交际贵信义　◇其心公，其见卓　◇不偏不倚的见解　◇彻头彻尾
和平主义

外交政策与王道主义

李鸿章曾向曾国藩请教外交的要诀。曾国藩说："其要有四：一曰言忠
信，二曰行笃敬，三曰会防不会剿，四曰先疏后亲。"曾国藩的外交政策在
于王道主义，而不是霸道主义；在于和平主义，而不是侵略主义。

与门罗主义一致

就这一点而言，曾国藩与美国大政治家门罗的和平主义是不约而同了。

光明俊伟

曾国藩作为直隶总督就天津教案与外国交涉以后，再也没有置身于外交
前线。所以，他作为外交家的功绩几乎不可见。因此，不能说他具有外交家
的长技。曾国藩既不像俾斯麦那样有铁血的手腕，也不像加里波第那样有纵
横的手段；既不像多列朗一般能够玩弄权术，也不像蔑的尔尼一样能够发挥
机略。但他的精神光明俊伟，他的意志刚健不屈，他的意见堂堂正正，因此
不可不谓为大外交家。

外国交际贵信义

同治六年丁卯（1867 年），清廷就修订欧美各国通商条约一事，咨询各省督抚大臣。从当时曾国藩奏陈的意见，足可以窥见其对外政策方针之一斑。他在奏文中写道：

> 臣愚以为与外国交际，最重信义，尤贵果决。我所不可行者，宜与之始终坚持，百折不回；我所可行者，宜示以豁达大度，片言立定，断不宜若吐若茹，稍涉犹豫之象，启彼狡辩之端。

其立言正大，真是痛快淋漓的文字，足以说明曾国藩对外意见的所在。清朝政府的弊端，在于对外国谲诈百出，反复表里，不顾信义，暧昧模棱，该断不断。这是清朝常为列强所凌辱、所轻侮的原因。道光年间鸦片战争以后，咸丰末年为英法联军所迫，割让土地和赔款，其原因不一而足，也因清廷本身不得其道。而曾国藩所论，是当时清朝政治家当中最聪明、最正大的意见。

曾国藩虽然认为电线、铁道确是利器，但又担心一意屈从于外国的要求，会让其独占利权，所以在奏文中论道：

> 大抵洋人之在泰西，数百年来互相吞并，无非夺彼国商民之利，然后此国可以得志。其来中国也，广设埠头，贩运百货，亦欲逞彼朘削之诡谋，隘我商民之生计。军兴以来，中国之民久已痛深水火，加以三口、五口通商，长江通商，生计日蹙，小民困苦无告，迫于倒悬，今若听洋人行盐，则场商运贩之生路穷矣；听洋人设栈，则行店囤积之生路穷矣；听小轮船入内河，则大小舟航水手舵工之生路穷矣；听其创制电线、铁路，则车、驴、任辇、旅店、脚夫之生路穷矣。就彼所要求各事言之，惟挖煤一事，借外国开挖之器，兴中国永远之利，似尚可以试办。

从清朝当时的现状而言，曾国藩的意见似乎未必不可行。如今中国为列强所逼，铁道及其他权利被别国夺占，从现状来看，曾国藩的深虑是为中国生民而谋，不可谓不忠。但曾国藩就矿山开掘一条，不惜容许外国的要求，是因其与生活问题并无直接关系的缘故。

曾国藩又曾就列国使臣应得的待遇陈述意见。他认为，清朝政府动辄将欧美各国视为夷狄，以屏藩朝贡国之礼对待它们，是不对的，应以对等国之礼对待。他在奏文中写道：

> 伏查康熙十五年（1676年）圣祖仁皇帝召俄人尼果赉等，其时仪节无可深考，然当日与俄罗斯议界、通市，实系以敌国之礼待之，与以属藩之礼待高丽者迥不相同。道光、咸丰以来，待英、法、米三国，皆仿康熙待俄国之例，视同敌体。盖圣朝修德柔远，本不欲胥七万里之外洋而臣服之也。拟请俟皇上亲政以后，准其入觐。其仪节临时酌定，既为敌国使臣，不必强以所难，庶可昭坦白而示优容。

其心公，其见卓

当时朝野人士往往将欧美各国视为夷狄，曾国藩独言应以对等国之礼对待，可谓其心之公，其见之卓。曾国藩又陈述将钦差大臣派往海外，以实现与条约国的通好。他在奏文中写道：

> 遣使一节，中外既已通好，彼此往来，亦属常事。论者或恐使臣之辱命，或惮费用之浩繁，此皆过虑之词，似应令中外大臣留心物色，随时保举可使绝国人员，储以待用，不论官阶，不定年限，有人则遣，无人则不遣，权仍在我，彼亦断不致因许而不遣，遂启兵衅。顷准总理衙门咨，既奏派志刚等出使西洋，从此源源通聘。使事渐多，纵或有一二不能专对之臣，亦安知无苏武、班超、富弼、洪皓者流出乎？其中为国家扬威而弭患，此可慨然允许也。

澤紀曾

　　李鸿章曾向曾国藩请教外交的要诀。曾国藩说："其要有四：一曰言忠信，二曰行笃敬，三曰会防不会剿，四曰先疏后亲。"曾国藩的外交政策在于王道主义，而不是霸道主义；在于和平主义，而不是侵略主义。图为曾国藩的长子曾纪泽（1839－1890），是晚清最具影响力的外交家之一。

由此可知，曾国藩具有对外开放的见识，在当时为杰出之士。而曾纪泽能以一名外交家而著称，也是由于曾国藩首倡派遣使臣出国之功。

不偏不倚的见解

曾国藩关于外国传教士的问题，也持不偏不倚的见解，认为不得已而须加以保护。他在奏折中写道：

> 查天主教之始专以财利饴人。近日外国教士贫穷者多，彼之利有所不给，则其说亦将不信。自秦汉以后，周孔之道稍晦，而佛教渐行。然佛教兴于印度，今日之印度，则多从回教，而反疏佛教。天主教兴于泰西，今日之泰西，则另立耶稣教，而又力攻天主教。可见异端之教，时废时兴，惟周孔之道，万古不磨。但使中国修政齐俗，礼教昌明，彼虽百计开拓，亦终鲜尊信之者。况目前各省郡县多立教堂，业已拓之，无可再拓，将来换约之时，该国如于此条渎请不已，似可许以随时行文保护彼教，但不必再添条款，谅不致更肆要求矣。

曾国藩由于相信儒教，不肯拒绝外国传教，而提出加以保护，其论可谓最为平正。后来教案纷纷，惹起国际问题，若其地方官如曾国藩一般以至公至平之心加以监督，就不会如此了。

同治九年庚午（1870 年），日本政府派遣外务大臣柳原前光伯爵请求缔结通商条约，清廷认为，与之缔结对等的条约会有损于威严，加以拒绝。第二年，柳原再来，请求通商，廷议依违未决，垂询曾国藩及李鸿章，问其可否。曾国藩与李鸿章一起陈言，认为与日本缔结通商条约为不得已之事，应当同意与之立约。当时安徽巡抚英翰密奏以不可许其通商，而日清通商条约终于还是签订了，是因为听从了曾国藩的意见，其在清朝外交上也是功不可没。

彻头彻尾和平主义

总而言之，曾国藩对于外交上的大方针，不以权谋术数为主，专以信义而图国家的和平。

而且，曾国藩并非完全不懂外交机略，所以，他在与李鸿章书中写道：

> 形迹总以疏淡为妙，我疏淡而足以自立，则彼必愈求亲昵。

也就是说，外交家的态度必须沉静。他又写道：

> 与洋人交际，丰采不宜过峻，宜带浑涵气象。渠之欺侮诡谲，
> 蔑视一切，吾若知之，若不知之，恍似有几分痴气者，亦善处之道也。

也就是说，其浑涵气象，也是外交家不可欠缺的气质。可谓至言。

然而，曾国藩的大本领，在于彻头彻尾的和平主义，而不是侵略主义；在于人道主义，而不是铁血主义；在于王道主义，而不是霸道主义。他的确以王道主义对抗泰西列强侵略性的铁血主义及兼并性的霸道主义，扶持中华帝国的自主独立。他如同美国以门罗主义制约欧洲列国的侵略一样，以王道主义同样来防止他们的蚕食与鲸吞。曾国藩说道：

> 在中国多事，洋人方张，亦不能因曲循和议而不顾内地生民之
> 困。即异日中国全盛，洋人衰弱，我亦但求保我黎民，而别无耀兵
> 海外之志。彼虽倔强诡谲，当亦知理直不可夺，众怒不可犯，或者
> 至诚可感，易就范围。

中华帝国的国性非尚武主义，而是尚文主义。历代帝王中，除了自蒙古、满洲而起的英雄外，虽有秦之始皇、汉之武帝、唐之太宗耀武于四境，扩张进取，其实是为防御匈奴、突厥等部的侵略而出兵，即所谓进攻性的防

御主义。这是中国三千年以来的历史所证明所反映了的中华民族固有的性格。从中国现在及将来国运的整体来看,可知尚武与侵略非中华民族的长处。何况在曾国藩的时代,清政府积衰积弱,并无自主独立的能力,所以曾国藩力排尚武主义与侵略主义,企图以王道主义、和平主义来确定国是民命的所向。

第二十四章 长逝

◇勋高柱石 ◇日记 ◇殉职 ◇上谕：学问纯粹，器识宏深；秉性忠诚，持躬清正 ◇死亦光荣

勋高柱石

曾国藩转任两江总督之时，即同治九年庚午（1870年）八月，年届六十，皇帝赐给他"勋高柱石"的御书，曾国藩具疏谢恩。同年八月二十五日入京，第二天即二十六日，于养心殿谒见。十月九日再度谒见。十五日离京，于闰十月二十日抵达金陵就任。同治十年辛未（1871年）八月出省检阅陆军。十月至上海吴淞演示船舰而归。同治十一年壬申（1872年）二月四日，病逝于其任内，享年六十二岁。

日记

此年（1872年）正月二十三日，曾国藩患肝风，右足麻痹，不久痊愈。二十六日，前任河道总督苏廷魁来金陵，他出城迎接，在轿中背诵四书，忽然诉说手指痛，还想说什么，口噤不能出声，便返回衙署。二十九日，曾国藩在日记中写道：

> 余病患不能用心，昔道光二十六、七年（1846-1847年）间，每思作诗文，则身上癣疾大作，彻夜不能成寐。近年或欲作文，亦觉心中恍惚不能自主，故眩晕、目疾、肝风等症，皆心肝血虚之所

致也。不能溘先朝露，速归于尽，又不能振作精神，稍治应尽之职事，苟活人间，惭悚何极！

次日又写道：

余精神散漫已久，凡遇应了结之件，久不能完，应收拾之件，久不能检，如败叶满山，全无归宿。通籍三十余年，官至极品，而学业一无所成，德行一无可许，老大徒伤，不胜悚惶惭赧。

曾国藩老年病中，仍然为不能尽其职分而忧虑，为学业德行无成而叹息，非有大人之德所不能也。

殉职

二月二日，曾国藩阅读文书，执笔手颤，欲言不能出声，不久又痊愈。他告知两个儿子曾纪泽、曾纪鸿：丧事宜遵古礼，而不由僧道。第二天即三日，阅读《理学宗传》中张子一卷，又有手颤心摇之象。四日午后，在官署西头的花园散步完毕，将返之时，忽然足麻痹不能起，由侍者扶到厅中，端坐逝去。

何璟写道：

曾国藩晚年不服珍药，未尝有卧病倚衾之日。前在两江任内讨究文书，条理精密，无不手订之章程，无不点审之批牍。惟（唯）有舌蹇心悸之症，不能多见僚属。前年回任，感激圣恩高厚，仍令坐镇东南，自谓稍即怠安，负疚滋重。公余无客不见，见必博访周咨，殷勤训励，于僚属之贤否、事理之源委，无一不点识于心，人皆服其老年进德之勤。其勉力在此，其致病亦在此。上年阅兵回省，适臣行抵金陵，见其体貌尚如往年，而曾国藩自言精力大衰，右目昏瞆（瞆）。臣与晤谈数次，议论公事，娓娓不倦。曾劝以节劳省神，为国自爱，不意相距未及两月，遽病不起，实由平日事无巨细，

曾文正公画像赞

特欤
曾公
皇清良佐受命

宣庙南征坎坷平定
大难首屈一指季高
葳荃皮先键羮遗时不
逍逢作辛壬嗟余小子履
薄临深　宣统乙卯後学升允敬题

曾国藩转任两江总督之时，即同治九年庚午（1870年）八月，年届六十，皇帝赐给他"勋高柱石"的御书，曾国藩具疏谢恩。同年八月二十五日入京，第二天即二十六日，于养心殿谒见。十月九日再度谒见。十五日离京，于闰十月二十日抵达金陵就任。同治十年辛未（1871年）八月出省检阅陆军。十月至上海吴淞演示船舰而归。同治十一年壬申（1872年）二月四日，病逝于其任内，享年六十二岁。

必躬必亲，殚精竭虑所致。

由此可见，曾国藩完全是殚精竭虑的殉职者。

上谕：学问纯粹，器识宏深；秉性忠诚，持躬清正

曾国藩之死，金陵士民巷哭野祭，恰如慈母之丧。穆宗闻之震悼，辍朝三日。上谕说：

> 大学士两江总督曾国藩，学问纯粹，器识宏深，秉性忠诚，持身清正。由翰林蒙宣宗皇帝特达之知，洊升卿贰。咸丰三年（1853年）间创立楚军剿粤匪，转战数省，迭著勋劳。文宗显皇帝优加擢用，补授两江总督，命为钦差大臣，督办军务。朕御极后，简任纶扉，深咨倚任，东南底定，厥功最多。江宁之捷，特加恩赏给一等毅勇侯，世袭罔替，并赏戴双眼花翎，历任兼圻，于地方利病尽心筹画（划），老成硕望，实为股肱心膂之臣。方冀克昌遐龄，长承恩眷，兹闻溘逝，震悼良深。曾国藩着追赠太傅，照大学士例赐恤，赏银三千两治丧，由江宁藩库发给。赐祭一坛，派穆胜阿前往致祭。加恩予谥文正，入祀京师昭忠祠、贤良祠，并于湖南原籍、江宁省城建立专祠，其生平政绩方宽，宣付史馆。任内一切处分悉予开复，应得恤典，该衙门察例具奏。灵柩回籍时，着沿途地方官妥为照料。其一等侯爵着伊子曾纪泽承袭，毋庸带领引见。其余子孙几人，着何璟查明具奏，候旨施恩，用示笃念忠良至意。

由此可知，穆宗依赖甚笃，而震悼良深，非同寻常。

死亦光荣

这道上谕说曾国藩"学问纯粹，器识宏远"，又说他"老成硕望，实为股肱心膂之臣"，为千古定评，无复余蕴。可谓死亦光荣！

家庭、教育、修养、学术、交友

以廉律己
以勤治事
以公察人

同治四年 曾国藩

第一章　家庭之见

◇湘江钟毓，家学渊源　◇我家之祥　◇利见斋　◇指画耳
提　◇义勇奉公的精神　◇家庭教育　◇思念故园之诗

湘江钟毓，家学渊源

"相国之生也，湘江钟毓，家学渊源。"这是恩福对曾国藩家庭的赞美。
此话表明，曾国藩作为一个人，作为经世家，其规模之大，其修养之深，如
高山峻岭，而其修养则渊源于家学。

曾国藩于清嘉庆十六年辛未（1811 年）十月十一日生于湖南省长沙府
湘乡县的阳坪里。

我家之祥

曾国藩出生时，曾祖父竟希仍然在堂，年已七十。据清朝史家传记载，
竟希此夜梦见巨蟒腾跃于空中，旋绕家宅的左右，然后入庭，蹲踞良久，竟
希惊醒，听说曾孙出生，大喜道："此儿乃我家之祥，曾氏门楣将由是而光
大。"宅后有一棵老树，为藤所缠绕，树已枯，藤益大，渐渐繁茂，矫矫然
如虬龙，枝叶苍翠，垂荫一亩，也属世上罕见。此等传说虽不足为奇，却成
为一段轶闻，存于口碑之中。

曾国藩自出生至三岁，未闻号泣之声。母亲江氏勤于劳作，每不能仅顾
抚育这个儿子，曾国藩每日依于祖母王氏，而竟希对之钟爱殊深。嘉庆乙亥
（1815 年）十月，竟希去世，曾国藩哀泣执丧，恰如成人。

　　"相国之生也，湘江钟毓，家学渊源。"这是恩福对曾国藩家庭的赞美。此话表明，曾国藩作为一个人，作为经世家，其规模之大，其修养之深，如高山峻岭，而其修养则渊源于家学。

　　曾国藩于清嘉庆十六年辛未（1811年）十月十一日生于湖南省长沙府湘乡县的阳坪里。

利见斋

祖父曾麟书是一位纯粹的儒者，以文学训陶子弟，名其塾为"利见斋"。

指画耳提

曾国藩少年之际，以陈雁门为文字之师。但其训诱陶铸，由父亲之力居多。曾国藩在日记中写道：

> 府君（竹亭）平生困苦于学，课徒传业者盖二十有余。国藩愚陋，自八岁侍府君于家塾，晨夕讲授，指画耳提，不达则再诮之，已而三复之，或携诸途，呼诸枕，重叩其所宿感者，必通彻乃已。其视他学僮亦然。其后教诸少子亦然。尝曰：吾固钝拙，训告若辈，钝者不以为烦苦也。

由此可知，曾国藩受其父的感化不小。

义勇奉公的精神

曾麟书以积苦力学而著称，但应有司之试十七次，四十三岁才得补县学生员。然而，他平生忠义奋发，其志未尝不在君国。而曾国藩之所以能够早继其学业，以进士而入翰林，或许也是因曾麟书积德行善之故。曾国藩记载道：

> 咸丰二年（1852年），粤贼窜湘，攻围长沙，府君率乡人修治团练，戒子弟，讲阵法，习技击，未几国藩奔母丧回籍，奉命督办湖南团练，明年又奉命治舟师援剿湖北。府君僻在穷乡，志存君国，初令季子国葆募勇讨贼，继又令三子国华、四子国荃募勇，北征鄂，东征豫章，粗有成效。而府君遽以咸丰七年（1857年）二月四日弃养。阅一年而国华殉难于三河，又四年而国葆病殁于金陵。朝廷抚恤，

并予美谥。而国藩与国荃遂克复安庆、江宁两省，虽事有天幸，然亦赖先人之教，尽驱诸子执戈赴敌之所致也。

家庭教育

由此可知，曾国藩怀有至诚不自欺的精神，义勇奉公的精神，忠爱报国的精神，经国济民的志向，因而不能自禁，都是基于家庭的教育。

思念故园之诗

曾国藩在北京参加会试期间，有怀念故园之诗：

高嵋山下是侬家，岁岁年年斗物华。老柏有情还忆我，夭桃无语自开花。几回南国思红豆，曾记西风浣碧纱。最是故园难忘处，待莺亭畔路三叉。

第二章　家世

◇曾孟学　◇曾玉屏　◇湘乡之望　◇曾玉屏之妣王氏　◇曾麟书
有五子　◇孝敬之情笃　◇曾麟书之妣江氏　◇荣明之至

曾孟学

曾国藩先世居住于湖南省衡州府衡阳县，清朝之初，有曾孟学者，始迁同省长沙府湘乡县的大界里，终为湘乡人。曾孟学生曾元吉，元吉之仲子轴臣即曾国藩的高祖。轴臣生竟希，竟希生玉屏，就是曾国藩的祖父。曾氏自明代世以农为业，而未显于天下。到曾玉屏这一代渐渐有名。

曾玉屏

曾玉屏自号星冈，少时任侠，跌宕不羁，一朝慨然发愤，折节读书，成为湘乡之望。

湘乡之望

曾玉屏曾说：

吾少小耽于游惰，往来湘潭之市肆，与裘马少年共相征逐。一日高酣寝时，有长老骂曰："渠将覆其家！"余闻而蹶起，自责徒行。由是终身黎明即起，年三十五始从事农业。其居临高嵋山下，坁峻如梯，田小如瓦，乃凿石决壤，开十数畛，而通为一，然后耕夫始易从事。余昕宵行水，听虫鸟之鸣声，以知节候；观露上之禾颠以为乐。疏种半畦，晨耘余任之，夕粪庸保任之。入则饮豕，出则养鱼，彼此以杂职为业。凡菜以手植、手撷之，则其味弥甘，亲历艰苦而得食之，则弥安。余宗自元明衡阳之庙，居山久，无祠宇。余谋之于宗族诸老，建立祠堂，每岁以十月祭之。国初迁湘乡，至曾祖元吉，基业始宏。余又谋之于宗族，别立祀典，每岁以三月祭之。世人往往礼神徼福，余以为神之陟降莫亲于祖考，故独生我隆一本之祀，他祀省之。后世虽贫，不可礼阙。子孙虽愚，家祭不可简。余早岁未勉学，壮为深耻，因令子弟出就名师，又好宾接文士，候望音尘，常愿接通材宿儒之迹于余门，此心乃觉快。其次老成端士，不怠其敬礼；其下泛应群伦，至巫医、僧徒、堪舆、星命之流，余屏斥之惟（唯）恐不远，旧姻穷乏，遇之惟（唯）恐不隆。识者观一门宾客之雅正疏数而卜家之兴败，无理爽者。乡党咸好，吉则贺，丧则吊，疾则问，人道之常，余必实践之。财不足以及物，则以力助之。邻里讼争，余居间以解两家之纷，其尤无状者，厉辞诘责，毫无所假借，而悍夫往往震慑，或具樽酒通殷勤，一笑而散。盖君子在下则排一方之难，在上则息万物之嚚，其道一。津梁道途废坏不治者，孤嫠衰疾无告者，量其方之所能，随时图之，亦未尝不无少补，若必待富而后谋之，则天下终无事成。

曾国藩说："府君（星冈）平昔所言恒如此，国藩既稔闻之，吾父及叔父又传述告诫者数。"又描述其为人道："声如洪钟，见者惮慑，而温良博爱无尽。其卒，远近感唏，自不能休。"也足见其人物如何了。

曾玉屏之姚王氏

曾玉屏之姚王氏为贤妇人。曾国藩说："我祖姚王太夫人孝恭雍穆，娣姒钦其所为，自酒浆缝纽以至礼宾承祭，经纪百端，曲有仪法。虔事夫子，时逢愠怒，则甘辣息以受折辱，以待眷睐。年逾七十，犹检校内政，丝粟不遗。其于子妇孙曾及外姻童幼仆妪，皆及其惠，权量多寡，物薄而意长，阅时而再施。"由此便可知其非寻常妇人。

曾麟书有五子

曾玉屏有三子：长子曾麟书，号竹亭；次子曾鼎尊，号上台，二十四岁去世；三子曾骥云，号高轩，无子，曾国藩之弟曾国华为其嗣。曾麟书有五子：长子曾国藩；次子曾国潢，字澄侯；三子曾国华，字温甫；四子曾国荃，字沅甫；五子曾国葆，字事恒。

曾麟书四十三岁才补了县学生。曾国藩就此事写道："府君既困学政之试，其后挈国藩以就试。父子徒步囊笔以干有司。久之不遇，至道光十二年始得补县学生员。府君于是年四十有三，应小试者十七役。吾曾氏自衡阳至湘乡五六百载，曾无人之与科目秀才之列，至是始得之，何其难也。"由此可知曾麟书积苦力学的情况。

孝敬之情笃

曾麟书也以孝而著称。曾国藩也有一段描述："我王考星冈府君气象尊严，凛然难犯。其责府君（麟书）尤峻，往往于稠人广坐之中壮声呵斥，或快他人，亦对其子竟日嗃嗃诘之，间坐激荡之辞，举家耸惧。府君屏气负墙，蹴踖徐进，愉色如初。王考（星冈）暮年大病痿麻，动止不良，又暗不能言，所需以颐使，以目求，蹙其额。府君竹亭朝夕奉事，常先意得之。夜侍寝处。王考（星冈）雅不欲频烦惊召，而他仆殊不称意。前后溲数一夕六七，府君（竹亭）视其将起，进器承之，须臾又如此，听无声，分寸不违。严寒大溲，令他人移其手足，身翼护之。或微沾污，辄涤除之，易中衣，拂动甚微，终宵惕息。明旦，季父（骥云）入侍，奉事一如府君之法，久之，诸孙孙妇、内外长幼感化训习，争取垢污之襦裤浣洗为乐，不知其臭秽。或挽筤舆游戏于庭中，各有常程。病三载，府君未尝得一日安枕，愈久弥敬。"可知其恭敬之情笃。

曾麟书之妣江氏

曾麟书之妣江氏也是贤妇人。曾国藩说："江太夫人乃湘乡处士沛霖公之女，来嫔曾门，事舅姑四十余年，饎爨必躬视之。恪守宾祭之仪，百方检饬，尺布寸缕，皆一手拮据。或以人众家贫为虑，太夫人曰：'某以读为业，某以耕为业，某以工贾为业，吾劳内，诸儿劳外，岂忧贫哉！'每好作自强之言，亦或以谐语解劳苦。"由此可知此人富有妇德。

荣明之至

曾国藩说："初国藩道光间官京师，恭遇覃恩。王考暨府君皆为中宪大夫。祖妣暨先母皆为恭人。咸丰间四遇覃恩，又封赠三代，皆光禄大夫，妣皆得为一品夫人。今上（同治帝）即位，四遇覃恩，有以战绩兄弟谬膺封爵，于是曾祖府君儒胜、王考府君玉屏暨府君皆封为一等侯爵，曾祖妣氏彭、祖妣氏王、先妣氏江仍封为一品夫人。呜呼，叨荣至矣。"

曾祖父曾竟希在曾国藩六岁时去世，祖父曾玉屏在曾国藩三十九岁时去世，即在祖母王恭人死后两年。母亲江夫人在曾国藩四十二岁时去世，父亲曾麟书在曾国藩四十七岁时去世，即死于咸丰七年丁巳（1857年）二月四日，时值曾国藩从军征讨太平军之际。

第三章　欧阳夫人

◇福祥钟于一门　◇欧阳凝祉　◇金华殿中人　◇男三女五　◇善于治家　◇家庭清洁　◇欧阳氏的先世　◇以贞节著称　◇温恭敬慎，质实勤俭　◇家庭的模范　◇内助之功

福祥钟于一门

曾氏一族，子孙繁衍，福祥钟于一门。之所以如此，固然是因曾国藩的盛德大业，但夫人欧阳氏的淑德也大有与力。我就欧阳夫人的性情与行状略说几句。

欧阳凝祉

曾国藩迎娶欧阳夫人，在二十三岁之时。

金华殿中人

在此之前，欧阳凝祉（号福田）曾访曾麟书的家塾，见了曾国藩的诗，加以称赞，更以"共登青云梯"为诗题考试曾国藩，说道："此为金华殿中人之语。"于是将长女许字曾国藩。曾国藩时年十四岁。

男三女五

曾国藩二十七岁时，生曾桢茅，夭折；二十九岁时生曾纪泽；三十一岁时生长女；三十三岁时生次女；三十四岁时生三女；三十六岁时生四女；

欧阳夫人像

　　欧阳氏天资温恭敬慎，治家质实勤俭，后来虽极富贵尊荣，仍善奉家训，
毫不奢侈，始终如一，百载之下，足可想见其高风。

三十八岁时生曾纪鸿；四十岁时生五女，早夭。他共生了三男五女。

善于治家

曾国藩自三十岁前后开始住在北京，欧阳氏也随曾麟书入京。其后曾国藩（四十二岁时）归省，欧阳氏也于第二年归省。不久，曾国藩担当征讨太平军的任务，常年在外，所以欧阳氏与曾国藩很少同居。此间欧阳氏善于治家，善于教育儿女，使曾国藩毫无内顾之忧，其功劳可谓大耶。蒋春元写道：

> 公督师十余年，夫人独居家课子，室不盈一椽，田不加圭撮，卒使两公子劬学砥行，皆蔚为国器。其平常之治筐筥，议酒食，犹不足为夫人道者也。

家庭清洁

欧阳氏的家世以节孝而显著，家庭清洁也有由来。

欧阳氏的先世

曾国藩《欧阳府君墓志铭》中写道：

> （欧阳氏）先世自江西徙居衡阳。曾祖天鼎，祖心璥，父顺源，并有清德；曾祖妣氏刘，治家严肃；祖妣氏蔡、妣氏蔡均以节孝旌表于朝，国藩所作《欧阳氏姑妇节孝家传》者也。

以贞节著称

曾国荃的《欧阳母邱太夫人九十寿叙》（曾纪泽代作）中也写道：

> 欧阳氏之先世以贞节著闻。太夫人之曾祖姑曰刘孺人，遭家难中落，茹艰力穑，寿至九十。其子妇蔡孺人孤嫠守志，寿至九十有六。蔡孺人之子妇曰蔡宜人，即福田先生之母，太夫人之威姑也，

寿至八十有三，事迹并载先兄太傅曾国藩所撰欧阳氏节孝家传。自刘孺人迄太夫人四世，皆跻大年，孝友雍睦，誉流乡间。福田先生以诸生讲学授徒，远近嚮（向）慕，门下生著籍者数十百人，一岁束修所入，犹不足自赡。太夫人躬井臼紩（纴）纫以佐之。饔飧（子旁食）酌醴必亲必洁。遇亲族急难，解囊倾助，未尝少左（竖心旁左）。御子侄以严，男读女织，在约不旷其业，处丰不逾其度。今诸孙骎骎仕宦，有官刺史县佐者。

以此可知欧阳氏的家族积德积善之远。

又写道：

当咸丰同治之间，姎徒煽虐，四方多故。天子选兵命将，张我楚师，湘人子弟结发转战，周历数千里，涤腥荡秽，还我故疆。当是时，太傅威德闻天下，海内英杰凭借声势，依托援引以至大官者不可胜数，而牧云凌云诸君以肺腑至戚，未尝滥邀一阶一秩。侯夫人欧阳主人封膺郡国，贵盛无伦，终日兢兢，罔敢奢逸。岁时问遗，未尝有丝毫私财饷其外家，岂非一秉太夫人之教欤。

由此可知欧阳氏的贤德有本。

温恭敬慎，质实勤俭

欧阳氏天资温恭敬慎，治家质实勤俭，后来虽极富贵尊荣，仍善奉家训，毫不奢侈，始终如一，百载之下，足可想见其高风。程鸿诏写道：

师母欧阳夫人，博士景胄，渤海名宗，月竝（并）日以齐辉，坤俪乾而作配。仰事俯育，实俭与慈。家法遥传，虽童丱（草）不令其晏起，机声所彻，即官署何间于乡居。且蔡公无地楼台，杜相不衣罗绮，凡兹清德，由内助之相成，竝（并）享大年，膺天庆而无极。

喻吉三写道：

侯夫人从宦江皖，辄以轻车自随，纺织之事，日有课程，闻者叹美，以为古昔盛时所咏采苹采馨。公侯夫人不失职者，不意再见于今日。

李鸿章写道：

欧阳夫人德著珩璜，公子纪泽、纪鸿名齐轼辙。孙枝苗秀，圭组相承。世人仰慕跂美，以为不可几。

家庭的模范

福德兼备，风化肃然，真是家庭的模范。

内助之功

毋庸置疑，这固然是由于曾国藩有德，而欧阳氏的内助之功，也多存于冥冥之间。

第四章　孝友

◇家庭的精神　◇重孝字　◇孝致祥　◇重祭祀　◇爱诸儿　◇寄诸弟之诗　◇兄弟和睦　◇对亲戚朋友邻里的厚情

家庭的精神

孝友是曾国藩家庭的精神。天之将福禄赐予曾国藩一家，岂是偶然！

曾国藩的祖父曾玉屏曾对儿子曾麟书说："吾家以农为业，虽富贵勿失其旧。国藩为翰林，事业方长，吾家之食饷不可令之操心。"曾国藩在京十余年，未尝负担家庭，父亲和祖父的慈爱如此。

重孝字

曾国藩说："吾父竹亭之教人，专重一孝字。其少壮敬亲，暮年爱亲，出于至诚。"曾国藩十岁时，弟弟曾国潢出生，曾麟书笑道："尔今有弟了。"便以《兄弟怡怡》为题，令曾国藩作文。文成阅之，说："文中有至性之语，必能以孝友承其家。"

孝致祥

曾国藩久在北京，不能侍养长辈，但不顾官途清贫，每当俸禄有余裕，便将之寄回家中，以供甘饴之奉。曾国藩的"八本"之一曰"事亲以得欢心为本"，"三致祥"之一曰"孝致祥"，这个孝字，就是曾国藩家庭的精神。

重祭祀

曾国藩又善奉家训，看重祭祀。咸丰十年庚申（1860年）闰三月四日谕曾纪泽书中写道：

> 其诚修祭祀一端，则必须尔母随时留心。凡器皿第一等好者留作祭祀之用，饮食第一等好者亦备祭祀之需。凡人家不讲究祭祀，纵然兴旺，亦不久长。至要至要。

泰西诸国人信宗教，我们日本人信神祇，道理是一样的。曾国藩则以祭祀为治家的要义，绝非偶然。

爱诸弟，爱诸儿

曾国藩又以温情爱着诸弟及诸儿。同治九年庚午（1870年）六月四日，他因教案赶赴天津之际，在给两个儿子纪泽与纪鸿的遗书中写道：

> 孝友为家庭之祥瑞。凡所称因果报应，他事或不尽验，独孝友则立获吉庆，反是则立获殃祸，无不验者。
>
> 吾早岁久宦京师，于孝养之道多疏。后来辗转兵间，多获诸弟之助，而吾毫无裨益于诸弟。余兄弟姊妹各家，均有田宅之安，大抵皆九弟扶助之力。我身殁之后，尔等事两叔如父，事叔母如母，视堂兄弟如手足。凡事皆从省啬，独待诸叔之家则处处从厚，待堂兄弟以德业相劝、过失相规，期于彼此有成，为第一要义。其次则亲之欲其贵，爱之欲其富，常常以吉祥善事代诸昆弟默为祷祝，自当神人共钦。温甫、季洪两弟之死，余内省觉有惭德。澄侯、沅甫两弟渐老，余此生不审能否相见。尔辈若能从孝友二字切实讲求，亦足为我弥缝缺憾耳。

寄诸弟之诗

曾国藩在京时常怀念诸弟，往往发之于吟咏。道光辛丑岁（1841 年）之作写道：

> 昔我初去家，诸弟各弱小。阿季髫两髦，觑人眸子瞭。后园偷枣栗，猱升极木杪。叔也从之求，揖我谓我矫。分甘一不均，战争在毫秒。余时轻别离，昂头信一掉。老弟况童騃（騃），乐多忧愁少。瞥然成六秋，光阴如过鸟。世味一饱尝，甘心厌荼蓼。梦里还乡国，沟涂苦了了。朝企恒抵昏，夕思或达晓。君诗忽见慰，回此肝肠绕。生世非一途，处身贵深窈。众方奔恬愉，圣贤类悄悄。二陆盛揽张，鹤唳悲江表。夷齐争三光，岂不在饿殍！我今寄好语，君听其勿藐！一愿先知命，再愿耐擗摽。

在此之前，曾国荃随父亲及大嫂来到北京，寓于曾国藩家中，接受大哥的教育，居住二年而归。曾国藩有别后忆弟之诗：

> 无端绕室思茫茫，明月当天万瓦霜。可惜良宵空兀坐，遥怜诸弟在何方。纷纷书帙谁能展，艳艳灯花有底忙？出户独吟聊妄想，孤云断处是家乡。
>
> 忽忆他时襄水上，恶风半夜撼春雷。舟人掫舵声同泣，客子扶床面已灰。仰荷皇天全薄命，信知浮世等轻埃。汝今归去复何似？回首世途诚险哉。

又，《早起忆九弟》诗云：

> 别汝经三月，音书何太难！夜长魂梦苦，人少屋庐寒。骨肉成漂泊，云霄悔羽翰。朝朝乌鹊噪，物性固欺谩。

尚余词赋好，随众颂康哉。报国羌无力，擎天别有才。寒云迷雁影，远道望龙媒。百尺金台蠹，看君蹩躞来。

又有《寄弟三首》云：

去年长已矣，来日尚云赊。身弱各相祝，家贫尚有涯。乡心无住著，望眼久昏花。寥落音书阔，多疑驿使差。

咄咄延平剑，英英江夏黄。求声方出谷，一别各他乡。东下江河驶，南征道路长。汝侪身手健，看我鬓毛苍。（黄子寿彭年，后起文秀。予尝命九弟与之纳交。）

梦里携予季，亭亭似我长。三年不相见，一变安可量。神骏初衔辔，牵牛肯服箱！朝朝偷芋栗，知尔足奔忙。

曾国藩说："季弟（曾国葆）今年十四岁，往年好食栗、煨芋，避人偷之，顽趣可掬。"

曾国藩又有岁暮之作写道：

阿弟光明者沅甫，爱兄心尚孩。良时无汝共，雅抱向谁开？难就陆云业，多惭许武才。皇都宁不美，舍去竟何哉？

又有《温甫（曾国华）读书城南寄示》二首，写道：

十年长隐南山雾，今日始为出岫云。事业真如移马磨，羽毛何得避鸡群。求珠采玉从吾好，秋菊春兰各自芬。嗟我蹉跎无一用，尘埃车马日纷纷。

岳麓东环湘水回，长沙风物信佳哉！妙高峰上携谁步？爱晚亭边醉几回。夏后功名余片石，汉王钟鼓拨寒灰。知君此日沉吟地，是我当年眺览来。

　　著名画家黄天虎所作《曾府三杰图》。从左至右：曾国荃、曾国藩、曾纪泽。曾国藩又以温情爱着诸弟及诸儿。同治九年庚午（1870年）六月四日，他因教案赶赴天津之际，在给两个儿子纪泽与纪鸿的遗书中写道：孝友为家庭之祥瑞。凡所称因果报应，他事或不尽验，独孝友则立获吉庆，反是则立获殃祸，无不验者。

道光二十五年乙巳（1845 年）有《酬九弟》之诗，写道：

远离予季今三载，辛苦学诗绝可怜。王粲辞家遭多患，陆云入洛正华年。轮辕尘里鬓毛改，鼙鼓声中筋骨坚。门内生涯何足道？要须尝胆报尧天。

汉家八叶耀威弧，冬幹（干）春胶造作殊。岂谓戈铤（铤）照京口，翻然玉帛答倭奴？故山岂识风尘事，旧德惟（唯）传嫁娶图。长是太平依日月，杖藜零涕说康衢。

杜韩不作苏黄逝，今我说诗将附谁？手似五丁开石壁，心如六合一游丝。神斤事业无凡赏，春草池塘有梦思。何日联床对灯火，为君烂醉舞仙傲。

辰君平正午君奇，屈指老沉真白眉。入世巾袍各肮脏，闭门谐谑即支离。中年例有妻孥役，识字由来教养衰。家食等闲不经意，如今漂泊在天涯。

辰君是指国潢生于辰岁，午君是指国华生于午岁，老沉则是指国荃（字沉甫）。

曾国藩三十五岁时，国潢、国华二弟来北京，依靠曾国藩，互相研磨如师友。其后，弟归乡，家事一切委于国潢。国潢再入京，兄弟相见，重温欢情，在曾国藩四十岁之时。

太平军之乱，曾国藩常在军中，国荃、国华、国葆皆从军，勤王事。国华咸丰戊午（1858 年）战死于三河镇，曾国藩闻其讣，痛哭减食者数日。作《母弟温甫哀词》哭之，遣人至战死之处，收其遗骨，以其无首，悲叹不已。同治壬戌（1862 年），国葆也病死于军事，曾国藩悲恸，为之作《季弟事恒墓志铭》。国葆字季洪，后名贞幹，改字事恒。国潢整理家事，独未从军，后来曾国藩任两江总督，在金陵时，国潢来见，曾国藩大喜，同宿同寝，纵谈家乡琐事，以为偕乐。

《沅甫弟四十一初度》咏道：

　　九载艰难下百城，漫天箕口复纵横。今朝一酌黄花酒，始与阿连庆更生。

　　陆云入洛正华年，访道寻师志颇坚。惭愧庭阶春意薄，无风吹汝上青天。

　　几年橐笔逐辛酸，科弟尼人寸寸难。一剑须臾龙变化，谁能终古老泥蟠？

　　庐陵城下总雄师，主将赤心万马知。佳节中秋平剧寇，书生初试大功时。沅圃（甫）初在吉安，统兵二万，八年八月十五日，克复府城。

　　楚尾吴头暗战尘，江干无土著生民。多君龛定同安郡，上感三光下百神。十一年八月初一日，克复安庆。钦天监奏是日四星联珠，日月合璧。

　　濡须已过历阳来，国数金汤一蒉开。提挈湖湘良子弟，随风直薄雨花台。

　　邂逅三才发杀机，王寻百万合重围。昆阳一捷天人悦，谁识中军血染衣！

　　平吴捷奏入甘泉，正赋周宣六月篇。生缚名王归夜半，秦淮月畔有非烟。

　　河山策命冠时髦，鲁卫同封异数叨。刮骨箭瘢天鉴否？可怜叔子独贤劳。

　　左列钟铭右谤书，人间随处有乘除。低头一拜屠羊说，万事浮云入太虚。

　　已寿斯民复寿身，拂衣归钓五湖春。丹诚磨炼堪千劫，不铸良金更铸人。

　　黄河余润沾三族，白下饥民活万家。万里亲疏齐颂祷，使君眉寿总无涯。

童稚温温无险巇，酒人浩浩少猜疑。与君同讲长生诀，且学婴儿中酒时。

甲子八月二十日，沅圃弟四十一生日，为小诗十三首寿之。往在壬戌四月，沅弟克复巢县、和州、含山等城，余赋诗四首。一时同人以为声调有似铙歌而和之。此诗略仿其体，以征和者。且使儿曹以侑觞。国藩识。

曾国藩又教儿以友爱之道，极为亲切叮咛。咸丰八年戊午（1858 年）十月二十五日谕曾纪泽书中写道：

尔为下辈之长，须常常存个乐育诸弟之念。君子之道，莫大乎与人为善，况兄弟乎？临三、昆八，系亲表兄弟，尔须与之互相劝勉。尔有所知者，常常与之讲论，则彼此并进矣。

兄弟和睦

又，曾国藩在日记中写道："大约兴家之道，不外内外勤俭，兄弟和睦，子弟谦谨等事，败家则反之。"由此可以察知其用心如何。

对亲戚朋友邻里的厚情

曾国藩又对亲戚、朋友、邻里常有厚情。咸丰庚申（1860 年）谕曾纪泽书中写道：

凡亲族邻里来家，无不恭敬款接。有急必周济之，有讼必排解之，有喜必庆贺之，有疾必问，有丧必吊。

曾国藩当京官时俸禄微薄，家境清贫，虽力行节俭，但朋友若有穷苦或病死者，必以慷慨的资助馈赠而加以救助。又将俸银中剩下的几十两寄回乡里，或经理朋友的丧事，或扶持朋友的孤儿。从军之后，常抚恤部下战死者的老亲孤寡，莫不致其厚情。

曾国藩将其书斋题名为"求阙斋"，即取求阙于他事而求全于堂上之意，以其孝悌感化一家人，以友爱感化邻里，绝不是偶然。

第五章 勤俭

◇勤俭为祖传家训 ◇习劳习苦，应以为乐 ◇第一贵早起，第二要有恒 ◇重种菜 ◇衣服朴素 ◇男女婚嫁费二百两 ◇蔬食淡泊

勤俭为祖传家训

曾国藩修身治家，以勤俭贯穿于始终。勤俭二字，就是曾国藩的家法。

曾国藩从少年时代就奉了家训，在勤苦节约中成长。他二十六岁时典衣借钱，购买二十三史。父亲曾麟书对他说："钱由我去还，只要你能熟读圈点一遍就行了。"于是曾国藩每天圈点十页。又，他在进京应试时没有学资，向亲戚借了三十二缗，携带出乡。入京之际，只剩下三缗。当时的书生当中，没有像曾国藩这么寒苦的。由于在如此的清贫中生长，曾国藩后来位极人臣，虽已是富贵之身，仍然勤俭自奉，还以此训诫子孙。

习劳习苦，应以为乐

曾国藩在咸丰六年丙辰（1856年）九月二十九日夜与曾纪鸿书中写道：

> 勤俭自持，习劳习苦，可以处乐，可以处约，此君子也。余服官二十年，不敢稍染官宦气习，饮食起居，尚守寒素家风，极俭也可，略丰也可，太丰则吾不敢也。凡仕宦之家，由俭入奢易，由奢返俭难。尔年尚幼，切不可贪爱奢华，不可惯习懒惰。无论大家小

家、士农工商，勤苦俭约，未有不兴，骄奢倦怠，未有不败。尔读书写字不可间断，早晨要早起，莫坠高曾祖考以来相传之家风。吾父吾叔，皆黎明即起，尔之所知也。

第一贵早起，第二要有恒

曾国藩的起卧饮食有一定的时刻，规律极严。而早晨早起不敢违反。"曰勤字之工夫，第一贵早起，第二贵有恒。"咸丰九年己未（1859 年）十月十四日谕曾纪泽书中写道：

> 我朝列圣相承，总是寅正即起，至今二百年不改。我家高曾祖考相传早起，吾得见竟希公、星冈公皆未明即起，冬寒起坐约一个时辰，始见天亮。吾父竹亭公亦甫明即起，有事则不待黎明，每夜必起看一二次不等。此尔所及见者也。余近亦黎明即起，思有以绍先人之家风。尔既冠授室，当以早起为第一先务。自力行之，亦率新妇力行之。

> 余生平坐无恒之弊，万事无成，德无成，业无成，已可深耻矣。逮办理军事，自矢靡他，中间本志变化，尤无恒之大者，用为内耻。尔欲稍有成就，须从有恒二字下手。

这是他写给婚后的曾纪泽的书信，可见其教训之极为切合实际。

曾国藩八本之一叫作"治家以不晏起为本"，课程十二条之一叫作"黎明即起，醒后勿粘恋。"曾国藩很好地实践了这两句话。

重种菜

曾国藩又看重种菜，令家人留意此事。他在给曾纪泽的书信中写道："余近时写家信，常常提及书蔬鱼猪四端，盖父祖相传之家法。"咸丰十年（1860 年）闰三月初四日又写道："乡间早起之家，蔬菜茂盛之家，大抵多兴旺。晏起无蔬之家，大抵多衰弱。"咸丰十一年（1861 年）四月初四日，曾国藩说，

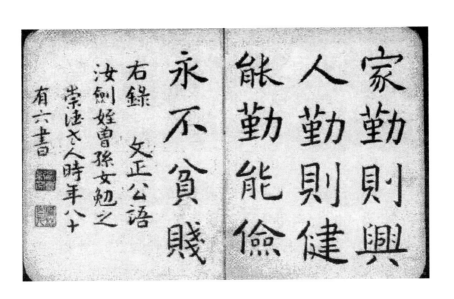

　　曾国藩女儿曾纪芬（崇德老人）手书。曾国藩修身治家，以勤俭贯穿于始终。勤俭二字，就是曾国藩的家法。曾国藩在咸丰六年丙辰（1856年）九月二十九日夜与曾纪鸿书中写道：勤俭自持，习劳习苦，可以处乐，可以处约，此君子也。凡仕宦之家，由俭入奢易，由奢返俭难。尔年尚幼，切不可贪爱奢华，不可惯习懒惰。

在军中课士兵如种菜，可见其力行如何。咸丰十一年辛酉（1861 年）六月二十四日谕曾纪泽书中写道：

> 省雇园丁来家，宜废田一二丘，用为菜园。吾现在营课勇夫种蔬，每块土约三丈长，五尺宽，窄者四尺余宽，务使芸草及摘蔬之时，人足行两边沟内，不践菜土之内。沟宽一尺六寸，足容便桶。大小横直，有沟有浍，下雨则水有所归，不使积潦伤菜。四川菜园极大，沟浍终岁引水长流，颇得古人井田遗法。吾乡一家园土有限，断无横沟，而直沟则不可少。吾乡老农，虽不甚精，犹颇认真。老圃则全不讲究。我家开此风气，将来荒山旷土，尽可开垦，种百谷杂蔬之类。如种茶亦获利极大。吾乡无人试行，吾家若有山地，可试种之。

曾国藩对侄儿劝诫道："竟希公少时在陈氏宗祠读书，正月上学，辅臣公给钱一百，为零用之需。五月归时，仅用去一文，尚余九十九文，还之于其父。其俭如此。星冈公当吾入翰林之后，犹自种菜收粪。吾父竹亭公之勤俭，尔等所及见。今家中境地虽渐宽裕，侄与诸昆弟切勿忘却先世之艰难。"

衣服朴素

曾国藩又主张衣服质素，力戒奢华，也戒多用仆婢。他说："俭字之工夫，第一勿着华丽之衣服；第二莫多用仆婢雇工。"同治元年壬戌（1862 年）五月二十七日谕曾纪泽书中写道：

> 凡世家子弟衣食起居，无一不与寒士相同，庶可以成大器；若沾染富贵气习，则难望有成。吾忝为将相，而所有衣服不值三百金。愿尔等常守此俭朴之风，亦惜福之道也。

男女婚嫁费二百两

曾国藩一家的男女婚嫁之费，以二百两为家宪。长女婚姻之际，曾国藩从军中寄送费用，就是以二百两银子为妆奁之资，以五十两银子为旅费。咸丰十一年辛酉（1861 年）八月二十四日谕曾纪泽书中写道：

> 余向定妆奁之资二百金，兹先寄百金回家，制备衣物，余百金俟下次再寄。其自家至袁家途费暨六十侄女出嫁奁仪，均俟下次再寄也。居家之道，惟（唯）崇俭可以长久。处乱世尤以戒奢侈为要义。衣服不宜多制，尤不宜大镶大缘，过于绚烂。尔教导诸妹，敬听父训，自有可久之理。

同年九月二十四日谕曾纪泽书中写道：

> 又寄银百五十两，合前寄之百金，均为大女儿于归之用。以二百金办奁具，以五十金为程仪。家中切不可另筹银钱，过于奢侈。遭此乱世，虽大富大贵，亦靠不住，惟（唯）勤俭二字可以持久。

次女婚姻之时，也以二百金做奁资，以五十金为酒席开支。三女、四女的婚礼也都以此为准。

蔬食淡泊

曾国藩的饮食也常以淡泊为主，力戒流于骄奢。何璟说："蔬食菲衣，自甘淡泊，每食不得过四簋。"由此可知他的清俭。

曾国藩在给纪泽、纪鸿两儿写的信中说：

> 历览有国有家之兴者，由克勤克俭所致。其衰也，则反是。余生平以勤字自励，而实不能勤，故读书无手钞之册，居官无可存之

牍。平生亦好以俭字教人，而自问实不能俭。今署中内外服役之人，厨房日用之数，亦云奢矣。其故，由于前在军营规模宏阔，相沿未改。近因多病，医药之资漫无限制。由俭入奢易于下水，由奢返俭难于登天。在两江交卸时，尚存养廉二万金在，余初意不料有此。然似此放手用去，转瞬即已立尽。尔辈以后居家，须学陆梭山之法，每月用银若干两，限成数，另封秤出，本月用毕，只准赢（盈）余，不准亏缺。衙门奢侈之习不能不彻底痛改。余初带兵之时，立誓不取军营之钱以自肥其私，今日差幸不负其始愿，然亦不愿子孙过于贫困，低颜求人，惟（唯）在尔辈力崇俭德，善持其后而已。

曾国藩的家庭纯洁玲珑，就是由于勤俭之德，足为后世的模范。

第六章　清廉

◇清廉纯洁如冰雪　◇愿为读书明理之君子　◇我家断不积钱，断不买田　◇古人远不可及　◇功名富贵过眼烟云　◇奉公的精神　◇大人君子之根本

清廉纯洁如冰雪

汲汲于贪贿而图私利，是清朝官员中常见的事情，天下不以为怪。在满目滔滔为拜金毒素所浸染的官僚社会里，有一个清廉纯洁犹如冰雪的家庭，是曾国藩最令人不可及之处。

愿为读书明理之君子

曾国藩说："凡人多望子孙当大官，余不愿当大官，但愿为读书明理之君子。"所以，曾国藩位极人臣，却保持家庭纯洁，绝不沾染贵族习气。曾国藩以勤俭善修其家，其以勤俭作为教条，在于令他的子孙们自力更生。

我家断不积钱，断不买田

所以，积财买田，是曾国藩所不为。曾国藩说："银钱、田产最易长骄气逸气，我家中断不可积钱，断不可买田。"这是他在咸丰十年（1860年）十月十六日与纪泽、纪鸿书中的话。这与西乡南洲所谓"我家遗法人知否，不为子孙买美田"的精神不谋而合。

古人远不可及

曾国藩说："居官以不要钱为本。"尽管贿赂公行、不以为怪是清朝官僚生活的实际，但曾国藩却公私一德，不仅禁止纳于苞苴之门，而且将养廉银交给公家，其清廉虽古人也不可及。曾国藩说："余初带兵之时，誓不取军营之钱以自肥其私，幸不负始愿。"这虽然是理所当然的事情，但在战争时期能够实行这一条，非君子不能办到。曾国藩说："欲服军心，必先尚廉介；欲求廉介，必先崇俭朴。若不妄费一钱，则一身廉；若不私用一人，则一营廉。"又说："绅士能洁己奉公，则庶民皆尊君亲上。"曾国藩很好地实行了这句话。何璟写道：

> 其奉身清俭，一如寒素。官中廉俸尽举以充官中之用，未尝置屋一廛，增田一区。邻里困穷，灾民饥馑，与夫地方之事，则不惜以禄俸之赢（盈）余，助公用之不给。

公德之美，心事之洁，岂非士人的好模范！

功名富贵过眼烟云

曾国藩劝诫家人和劝诫营官时，常叫他们不要忘了种菜，处廊庙之高，有山林之气；任军务之重，不失儒雅之风。功名富贵，看来如过眼云烟。同治二年己丑（1863 年）复郭筠仙书中写道：

> 吾尝举功业之成败，名誉之优劣，文章之工拙，概以付之运气一囊之中，久而弥自信其说不可易。然吾辈自尽之道，则当与彼赌乾坤于俄顷，校胜败于锱铢，终不令囊独胜而吾独败。

又在与曾纪鸿书中写道：

　　凡富贵功名，皆有命定，半由人力，半由天事。惟学作圣贤，全由自己做主，不与天命相干涉。

　　其理想的高尚，道念的清远，真是令人钦佩。

奉公的精神

　　曾国藩平生富于忠义耿耿奉公的精神，不图一己之私，这是清朝官僚社会所罕见的。他说：

　　余亦忝附诸贤之后，谬窃虚声，而于忠勤二字自愧十不逮一。吾家倘将来有出任艰巨者，当励忠勤以补吾之阙。

　　又在与郭筠仙书中写道：

　　国藩昔在湖南、江西，几于通国不能相容，六七年间浩然不欲复闻世事，然造端过大，本以不顾生死自命，宁当更问毁誉！以拙进而以巧退，以忠义劝人而以苟且自全，即魂魄犹有余羞。

大人君子之根本

　　由此可知，曾国藩家庭及其品性与行为的廉洁，是由于他道有所得。呜呼！这就是曾国藩之所以成为大人君子的原因。

第七章 谦谨

千古人臣的师表

歉抑自下，谨慎而不傲于人，是曾国藩的美德，其修身处世，真是足以为千古人臣的师表。这是曾国藩与李鸿章在性格上的不同之处。

曾国藩说："古之英雄意量恢拓，规模宏远，而训诫子弟恒有恭谨敛退之象。"因而平生以刘先生敕太子、西凉李暠戒诸子、宋文帝戒弟江夏王、伏波将军诫兄之子的书信为例，说道："盖不如此，不足以自致久大，藏之不密，则放之不准。苏轼之诗'始知真放本精微'即为此义。"同治元年壬戌（1862 年）正月曾国藩奉命出任两江总督、协办大学士，节制四省，固辞再三。此年二月十四日谕曾纪泽书中写道：

> 余身体平安。今岁间能成寐，为近年所仅见。惟（唯）圣眷太隆，责任太重，深以为危。知交有识者亦皆代我危之。只好刻刻谨慎，存一临深履薄之想而已。

谦谨二字须看重

同治三年甲子（1864 年），曾国藩因戡定太平军的功劳，得封侯爵。此年七月九日与曾纪鸿书中写道：

自立之道以勤劳为本而耐劳则
万善有基谨共教
畏不自是之诮也
子受毋谨属书此二
言迪之 曾国藩

欹抑自下，谨慎而不傲于人，是曾国藩的美德，其修身处世，真是足以为千古人臣的师表。这是曾国藩与李鸿章在性格上的不同之处。

余以廿五日至金陵，沅叔病已痊愈。廿八日戮洪秀全之尸，初六日将伪忠王正法。初八日接富将军咨，余蒙恩封侯，沅叔封伯。余所发之折，批旨尚未接到，不知同事诸公得何懋赏。然得五等者甚少。余借人之力以窃上赏，寸心不安之至。尔在外以谦谨二字为主，世家子弟，门第过盛，万目所属，临行时，教以三戒之首，末二条及力去傲惰二弊，当已牢记之矣。

自谦自逊不居功如此。

临深履薄之念

李鸿章说：

前岁回任两江，朝廷许以坐镇间，曾国藩仍力疾视事，不肯少休。临殁之日，依旧接见属僚，料检公牍，其数十年来逐日行事，

寡慾精神爽思多血
氣衰少杯不亂性忍
氣兔傷財貴向勤中
淂富從儉裏來溫柔
終有益強暴必招災
正直真君子刁唆是
禍胎暗中休使箭乖
裏帶些呆養性湏修
善欺心莫噢齋衙門
戒出入鄉黨要和諧
安分身無辱閒非口
莫開世人依此語全
福樂康哉
甲辰秋月滁生

曾国藩起于匹夫，位极人臣，处危疑之朝，膺总督的重任，勋位益高，声望益盛，责任愈大，信用愈加，始终如一。其所以如此，就是谦抑自下、谨慎不傲于人所致。曾国藩说："精力虽止八分，却要用到十分。权势即有十分，只可出五分，庶近劳谦之道。"

均有日记。二月初四绝笔，犹殷殷焉以旷官为疚。兢兢临履之意，溢于言表。此其克己之功，老而弥笃，虽古之圣贤自强不息之学亦无以过之也。

曾国藩不但自己身体力行，还引导部下将士为人谦谨。他在与鲍超书中写道：

务当小心谨慎，谦而又谦，方是载福之道。前此曾以花未全、圆月未圆七字相劝，望牢记勿忘。

又写道：

凡利之所在，当与人共分之；名之所在，当与人共享之。

畏天理如事刑罚

曾国藩在与李续宜书中写道：

吾辈位高望重，他人不敢指摘，惟（唯）当奉方寸如严师，畏天理如刑罚。

与欧阳定栗书中写道：

第一贵勤劳。公事则早作夜思，私事则看书习字。第二贵谦恭。貌恭则不招人之侮，心虚则可受人之益。第三贵信实。莫说半句荒唐之言，莫做半点架空之事。修此三者，走遍天下处处顺遂矣。

与彭玉麟书中写道：

此后惟（唯）于勤俭谨信四字更加工夫。勤如天地之阳气，凡立身、居家、作（做）官、治军皆赖阳气鼓荡则兴旺，惰则衰颓。俭者可以正风气，可以惜后福。谨即谦恭也，谦则不遭人忌，恭则不受人侮。信即信实也，一言不欺，一事不假，行之既久，人皆信之，鬼神亦钦之。

修养之深

曾国藩在与李鸿章书中写道：

> 胜则让功，败则救急。二者最足结人欢心。

又写道：

> 古人言战胜以丧礼处之，又言登科者须有一段谦光。

以上句句都是名言，虽圣贤之语也不过如此，由此可知曾国藩修养之深。

谦德君子

曾国藩起于匹夫，位极人臣，处危疑之朝，膺总督的重任，勋位益高，声望益盛，责任愈大，信用愈加，始终如一。其所以如此，就是谦抑自下、谨慎不傲于人所致。曾国藩说："精力虽止八分，却要用到十分。权势即有十分，只可出五分，庶近劳谦之道。"如曾国藩这样，如何得不谓谦德君子！有些人认为，只有大言壮语、跌荡不羁，大行不顾细谨，才是东方英雄的本色，他们听说了曾国藩的风采，不会无所借鉴吧。

第八章　摄生

◇起卧饮食要定时　◇饭后写字　◇有恒为作圣之基础　◇养生以少恼怒为本　◇歇息游观　◇有恒的功夫

起卧饮食要定时

曾国藩平生注意摄生，起卧饮食有一定的时刻，始终如一，与李鸿章无异。他常教诲其弟及其儿不可忽视摄生，足见其对此十分注意。

饭后写字

曾国藩在课程十二条中开列了节劳、节欲、节饮食的家训，可见他注意摄生。以每朝黎明即起、饭后半个时辰写字为例，即不外养心摄生之一法。李鸿章每天早晨五点钟起床，临摹宋榻兰亭法帖，也是谨遵曾国藩的教训。

有恒为作圣之基础

曾国藩与陈松生书中写道：

> 眠所以养阴也，食所以养阳也。眠贵有一定时刻，而戒其多思。食亦贵有一定时刻，而戒其过饱。养生与力学皆从有恒做出，故古人以有恒为作圣之基。

在赠仲弟六则中说："饮酒太多，则气必昏。"又说："贵饮酒有节。"

每日清晨一炷香谢天谢地
三光听求变＝田禾熟但願
壽命長國有賢臣安社稷
無逆子惱爹娘四方平靜子
息我若貧時也不妨　曾國藩

曾国藩在课程十二条中开列了节劳、节欲、节饮食的家训，可见他注意摄生。以每朝黎明即起、饭后半个时辰写字为例，即不外养心摄生之一法。李鸿章每天早晨五点钟起床，临摹宋榻兰亭法帖，也是谨遵曾国藩的教训。

也是此意。

曾国藩平生爱蔬食，每餐食不过四簋。同治四年乙丑（1865年）闰五月十九日谕曾纪泽书中写道：

> 吾近夜饭不用荤菜，以肉汤炖蔬菜一二种，令极烂如臡，味美无比，必可以资培养，试炖与尔母食之。后辈则夜饭不荤，专食蔬而不用肉汤，亦养生之宜，且崇俭之道也。
>
> 星冈公好于日入时手摘鲜蔬，以供夜餐。吾当时侍食，实觉津津有味。今则加以肉汤，而味尚不逮于昔时。

其淡泊之处，为通常清人所意想不到。

曾国藩也常以摄生之道训诲儿子，谆谆不倦。咸丰十年庚申（1860年）十二月二十四日谕曾纪泽书中写道：

> 尔体甚弱，咳吐咸痰，吾尤以为虑。然总不宜服药。药能活人，亦能害人。良医则活人者十之七，害人者十之三；庸医则害人者十之七，活人者十之三。余在乡在外，凡目所见者，皆庸医也。余深恐其害人，故近三年来，决计不服医生所开之方药，亦不令尔服乡医所开之方药。见理极明，故言之极切，尔其敬听而遵行之。每日饭后走数千步，是养生家第一秘诀。尔每餐食毕，可至唐家铺一行，或至澄叔家一行，归来大约可三千余步。三个月后，必大有效矣。

养生以少恼怒为本

同治四年乙丑（1865年）九月初一日谕曾纪泽书中写道：

> 具悉尔十一日后连日患病，十六尚神倦头眩，不知近已痊愈否？吾于凡事皆守"尽其在我、听其在天"二语，即养生之道亦然。体强者，如富人因戒奢而益富；体弱者，如贫人因节啬而自全。节啬

非独食色之性也，即读书用心，亦宜俭约，不使太过。余八本匾中，言养生以少恼怒为本。又尝教尔胸中不宜太苦，须活泼泼地，养得一段生机，亦去恼怒之道也。既戒恼怒，又知节啬，养生之道，已尽其在我者矣。此外寿之长短，病之有无，一概听其在天，不必多生妄想去计较他。凡多服药饵，求祷神祇，皆妄想也。

歇息游观

同年九月晦日谕曾纪泽、曾纪鸿书中写道：

泽儿肝气痛病亦全好否？尔不应有肝郁之症。或由元气不足，诸病易生，身体本弱，用心太过。上次函示以节啬之道，用心宜约，尔曾体验否？张文端公英所著《聪训斋语》，皆教子之言，其中言养身、择友、观玩山水花竹，纯是一片太和生机，尔宜常常省览。鸿儿体亦单弱，亦宜常看此书。吾教尔兄弟不在多书，但以圣祖之《庭训格言》、张公之《聪训斋语》二种为教，句句皆吾肺腑所欲言。以后在家则莳养花竹，出门则饱看山水，环金陵百里内外，可以遍游也。算学者切不可再看，读他书亦以半日为率。未刻以后，即宜歇息游观。古人以惩忿窒欲为养生要诀，惩忿即吾前信所谓少恼怒也。窒欲即吾前信所谓知节啬也。因好名好胜而用心太过，亦欲之类也。药虽有利，害亦随之，不可轻服。切嘱。

同治五年丙寅（1866 年）二月二十五日谕曾纪泽、曾纪鸿书中写道：

老年来始知圣人教孟武伯问孝一节之真切。尔虽体弱多病，然只宜清静调养，不宜妄施攻治。庄生云："闻在宥天下，不闻治天下也。"东坡取此二语，以为养生之法。尔熟于小学，试取在宥二字之训诂体味一番，则知庄、苏皆有顺其自然之意。养生亦然，治天下亦然。若服药而日更数方，无故而终年峻补，疾轻而妄施攻伐，强求发汗，则如商君治秦，荆公治宋，全失自然之妙。柳子厚所谓名为爱之其实害之；陆务观所谓天本无事庸人自扰之，皆此义也。东坡游罗浮诗云："小儿少年有奇志，中宵起座存黄庭。"下一存字，正合庄子在宥二字之意。盖苏氏兄弟父子皆讲养生，窃取黄老微旨，故称其子为有奇志，以尔之聪明，岂不能窥透此旨？余教尔从眠食二端用功，看似粗浅，却得自然之妙，尔以后不轻服药，自然日就壮健矣。

曾国藩或指出服药的无效，运动的必要，或介绍去恼怒、知节啬的方法，或讲明莳养花竹、饱看山水的情趣，或主张避人为而主自然，其反复训诫叮咛，可谓已无余蕴。

有恒的功夫

同治四年乙丑（1865 年）七月十三日谕曾纪泽书中写道：

余皆有始无终，固深以无恒为憾。近年在军中阅书，稍觉有恒，然已晚矣。故望尔等于少壮时从有恒二字痛下工（功）夫，然须有情韵趣味，养得生机盎然，乃可历久不衰，若拘苦疲困，则不能真有恒也。

由此也可知道曾国藩的摄生是从有恒二字学来的。

第九章　教育（上）

◇陶冶品性，修养精神　◇虚心涵泳，切己体察　◇长看书，短作文　◇切中读书、学问、作文、作诗、写字之要

陶冶品性，修养精神

曾国藩最注重家庭教育，他的教育不限于读书学问，也在陶冶品性、修养精神方面下了最大的工夫。

曾国藩的学问，以程朱哲学为主，精研深思，不遗余力。他认为，读书以训诂为本，诗文以声调为本，所以教育其诸弟和诸儿要常在这方面下功夫。咸丰八年戊午（1858年）七月二十一日向曾纪泽教授读书的方法，写道：

> 读书之法，看、读、写、作，四者每日不可缺一。看者，如尔去年看《史记》《汉书》《韩文》《近思录》，今年看《周易折中》之类是也。读者，如《四书》《诗》《书》《易经》《左传》诸经，《昭明文选》，李、杜、韩、苏之诗，韩、欧、曾、王之文，非高声朗诵，则不能得其雄伟之概；非密咏恬吟，则不能探其深远之韵。譬之富家居积，看书则在外贸易获利三倍者也；读书则在家慎守不轻花费者也；譬之兵家战争，看书则攻城略地、开拓土宇者也，读书则深沟坚垒、得地能守者也。看书如子夏之"日知所亡"相近，读书与"无忘所能"相近，二者不可偏废。至于写字，真行篆隶，尔颇好之，切不可间断一日。既要求好，又要求快。余生平因作字

迟钝，吃亏不少。尔须力求敏捷，每日能作楷书一万则几矣。至于作诗文，亦宜在二三十岁立定规模；过三十后，则长进极难。作四书文，作试帖诗，作律赋，作古今体诗，作古文，作骈体文，数者不可不一一讲求，一一试为之。少年不可怕丑，须有狂者进取之趣，过时不试为之，则后此弥不肯为矣。

虚心涵泳，切己体察

这一年八月初三日谕曾纪泽书中写道：

> 汝读《四书》无甚心得，由不能虚心涵泳，切己体察。朱子教人读书之法，此二语为最精当。尔现读《离娄》，即如《离娄》首章"上无道揆，下无法守"，吾往年读之，亦无甚警惕；近岁在外办事，乃知上之人必揆诸道，下之人必守乎法。若人人以道揆自许，从心而不从法，则下凌上矣。"爱人不亲"章，往年读之，不甚亲切。近岁阅历日久，乃知治人不治者，智不足也。此切己体察之一端也。涵泳二字，最不易识。余尝以意测之。曰：涵者，如春雨之润花，清渠之溉稻。雨之润花，过小则难透，过大则离披，适中则涵濡而滋液；清渠之溉稻，过小则枯槁，过多则伤涝，适中则涵养而浡兴。泳者，如鱼之游水，如人之濯足。程子谓鱼跃于渊，活泼泼地；庄子言濠梁观鱼，安知非乐？此鱼水之快也。左太冲有"濯足万里流"之句，苏子瞻有夜卧濯足诗，有浴罢诗，亦人性乐水者之一快也。善读书者，须视书如水，而视此心如花如稻如鱼如濯足，则涵泳二字，庶可得之于意言之表。尔读书易于解说文义，却不甚能深入，可就朱子涵泳体察二语悉心求之。

其言何其谆谆，其叮咛何其深切！

曾国藩为自己未学天文算学而遗憾，劝曾纪泽在训诂词章以外，要学天文算学。咸丰八年戊午（1858年）八月二十日谕曾纪泽书中写道：

余生平有三耻：学问各途，皆略涉其涯涘，独天文算学毫无所知，虽恒星五纬亦不识认，一耻也；每作（做）一事，治一业，辄有始无终，二耻也；少时作字不能临摹一家之体，遂致屡变而无所成，迟钝而不适于用，近岁在军，因作字太钝，废阁殊多，三耻也。尔若为克家之子，当思雪此三耻。推步算学，纵难通晓，恒星五纬，观认尚易，家中言天文之书，有《十七史》中各天文志，及《五礼通考》中所辑观象授时一种。每夜认明恒星二三座，不过数月，可毕识矣。凡作一事，无论大小难易，皆宜有始有终。作字时先求圆匀，次求敏捷。若一日能作楷书一万，少或七八千，愈多愈熟，则手腕毫不费力。将来以之为学，则手钞群书，以之从政，则案无留牍。无穷受用，皆自写字之匀而且捷生出。三者皆足弥吾之缺憾矣。

同治元年壬戌（1862 年）四月初四日谕曾纪泽书中写道：

人生惟（唯）有恒是第一美德。余早年于作字一道，亦尝苦思力索，终无所成。近日朝朝摹写，久不间断，遂觉月异而岁不同。可见年无分老少，事无分难易，但行之有恒，自如种树畜羊，日见其大而不觉耳。尔之短处在言语欠钝讷，举止欠端重，看书能深入而作文不能峥嵘。若能从此三事上下一番苦工（功），进之以猛，持之以恒，不过一二年，自尔精进而不觉。言语迟钝，举止端重，则德进矣。作文有峥嵘雄快之气，则业进矣。尔前作诗，差有端绪，近亦常作否？李、杜、韩、苏四家之七古，惊心动魄，曾涉猎及之否？

长看书，短作文

这一年五月十四日谕曾纪泽书中写道：

余观汉人词章，未有不精于小学训诂者。如相如、子云、孟坚于小学皆专著一书，《文选》于此三人之文著录最多。余于古文，志在效法此三人，并司马迁、韩愈五家，以此五家之文，精于小学训诂，不妄下一字也。尔于小学既粗有所见，正好从词章上用功。《说文》看毕之后，可将《文选》细读一过。一面细读，一面钞（抄）记，一面作文，以仿效之。凡奇僻之字，雅古之训，不手钞（抄）则不能记，不摹仿则不惯用。自宋以后能文章者不通小学，国朝诸儒通小学者又不能文章，余早岁窥此门径，因人事太繁，又久历戎行，不克卒业，至今用为疚憾。尔之天分，长于看书，短于作文，此道太短，则于古书之用意行气，必不能看得谛当。目下宜从短处下工夫，专肆力于《文选》，手钞（抄）及摹仿二者皆不可少。待文笔稍有长进，则以后诂经读史，事事易于着手矣。

切中读书、学问、作文、作诗、写字之要

曾国藩解说读书、学问、作文、作诗、写字的要点，莫不的切。由此可见曾国藩深为看重家庭教育。

第十章　教育（中）

活学活用

曾国藩的家庭教育，不在死的空文空言，而在活的实理实行；在于所谓坐言起行、躬行实践的学问。其教训细致入微，实为后世的模范。

克己的功夫

曾国藩教诲弟子，最留意克己的功夫。六弟曾国华屡应乡试落第，叹息自己怀才不遇，向曾国藩倾诉。道光二十二年壬寅（1842年）曾国藩写信劝诫，说道：

> 六弟自怨数奇，余亦深以为然。然屈于小试辄发牢骚，吾窃笑其志之小，而所忧之不大也。君子之立志也，有民胞物与之量，有内圣外王之业，而后不忝于父母之生，不愧为天地之完人。故其为忧也，以不如舜不如周公为忧也，以德不修学不讲为忧也。是故顽民梗化则忧之，蛮夷猾夏则忧之，小人在位贤才否闭则忧之，匹夫匹妇不被己泽则忧之，所谓悲天命而悯人穷。此君子之所忧也。若夫一身之屈伸，一家之饥饱，世俗之荣辱得失、贵贱毁誉，君子固不暇忧而及此也。

位不期骄禄不期
修凡贵家之子弟
其矜骄流于不自
觉凡富家之子弟
其奢修流于不自
觉势为之也欲求
家运绵长子弟无
傲慢之容房室无
暴殄之物则庶几
矣

右书四语远弟并示家中子姪
咸丰十一年八月十六日二更国藩识于安庆舟次

曾国藩的家庭教育不在于期望其子孙成为大官巨人，而是期望他们成
为圣贤君子；不期望他们功名富贵，而期望他们成为读书明理、自主自修的人。

修身六则

《书赠弟六则》中写道：

> 清吾人身心之间，须有一种清气。饮酒太多则气必昏，说话太
多则神扰，欲葆清气，首贵饮酒有节，次贵说话不苟。
> 俭凡多欲者不能俭，好动者不能俭。弟向无嗜癖，而有好动之
弊，此后讲求俭约，首戒好动。
> 明明有二端，人见其近，吾见其远，曰高明；人见其粗，吾见
其细，曰精明。
> 慎慎者有所畏惧之谓也。畏天怒，畏人言，凡人方寸有所畏，
则过必不大，鬼神必从而原之。
> 无我要步步站得稳，须知他人也要站得稳，所谓立也；我要处

处行得通，须知他人也要行得通，所谓达也。

　　静欲求一家之安静，先求一身之清静。静有二道，一曰不入是非之场，二曰不入势力之场。

这岂不是修身养性的好教训！

敬恕二字

咸丰八年戊午（1858年）七月二十一日谕曾纪泽书中写道：

　　至于作（做）人之道，圣贤千言万语，大抵不外敬恕二字。"仲弓问仁"一章，言敬恕最为亲切。自此以外，如立则见其参于前也，在舆则见其倚于衡也；君子无众寡，无大小，无敢慢，斯为泰而不骄；正其衣冠，俨然人望而畏，斯为威而不猛。是皆言敬之最好下手者。孔言欲立立人，欲达达人；孟言行有不得，反求诸己。以仁存心，以礼存心，有终身之忧，无一朝之患。是皆言恕之最好下手者。尔心境明白，于恕字或易著功，敬字则宜勉强行之。此立德之基，不可不谨。

曾国藩教给儿子的，是彻头彻尾的圣贤君子之道。
咸丰九年己未（1859年）六月十四日谕曾纪泽书中写道：

　　尔读书记性平常，此不足虑。所虑者第一怕无恒，第二怕随笔点过一遍，并未看得明白。此却是大病。若实看得明白了，久之必得些滋味，存心若有怡悦之境，则自略记得矣。

这一年十月十四日谕曾纪泽书中写道：

　　余尝细观星冈公仪表绝人，全在一重字。余行路容止亦颇重厚，

盖取法于星冈公。尔之容止甚轻，是一大弊病。以后宜时时留心，
无论行坐，均须重厚。早起也，有恒也，重也，三者皆尔最要之务。
早起是先人之家法，无恒是吾身之大耻，不重是尔身之短处，故特
谆谆戒之。

咸丰十年庚申（1860 年）四月初四日谕曾纪泽书中写道：

吾于尔有不放心者二事，一则举止不甚重厚，二则文气不甚圆
适。以后举止留心一重字，行文留心一圆字。至嘱。

同治元年壬戌（1862 年）四月二十四日谕曾纪泽、曾纪鸿书中写道：

人之气质，由于天生，本难改变。惟（唯）读书则可变化气质。
古之精相法者，并言读书可以变换骨相。欲求变之法，总须先立坚
卓之志。即以余生平言之，三十岁前最好吃烟，片刻不离，至道光
壬寅（1842 年）十一月二十一日立志戒烟，至今不再吃。四十六
岁以前作事无恒，近五年深以为戒，现在大小事均尚有恒。即此二
端，可见无事不可变也。尔于重厚二字，须立志变改。古称金丹换
骨，余谓立志即丹也。

千古不磨的格言

曾国藩指斥曾纪泽的短处和病处，以重厚二字戒之，而且谈到自己的经
验，教他以读书改变气质，真是千古不磨的教训！

同治五年丙寅（1865 年）三月十四日谕曾纪泽、曾纪鸿书中，曾国藩
以浑字与勤字戒之：

余近年默省之勤、俭、刚、明、忠、恕、谦、浑八德，曾为泽
儿言之，宜转告与鸿儿，就中能体会一二字，便有日进之象。泽儿

　　"八本堂"牌匾额。曾国藩以八本、三致祥教诲子弟。八本是：读古书以训诂为本，作诗文以声调为本，养亲以得欢心为本，养生以少恼怒为本，立身以不妄语为本，治家以不晏起为本，居官以不要钱为本，行军以不扰民为本。三致祥是：孝致祥，勤致祥，恕致祥。

天资聪颖，但嫌过于玲珑剔透，宜从浑字上用些工夫。鸿儿则从勤字上用些工夫。用工不可拘苦，须探讨些趣味出来。

同治六年丁卯（1866年）三月二十八日谕曾纪泽书中，以志趣高坚、襟怀闲远的道理劝诫道：

尔禀气太清。清则易柔，惟（唯）志趣高坚，则可变柔为刚；清则易刻，惟（唯）襟怀闲远，则可化刻为厚。余字汝曰劼刚，恐其稍涉柔弱也。教汝读书须具大量，看陆诗以导闲适之抱，恐其稍涉刻薄也。尔天性淡于荣利，再从此二事用功，则终身受用不尽矣。

不忮之诗

同治八年己巳（1869年），曾国藩赋不忮不求二篇，以为子孙之诫。不忮诗写道：

善莫大于恕，德莫凶于妒。妒者妾妇行，琐琐奚比数。己拙忌人能，己塞忌人遇。己若无事功，忌人得成务。己若无党援，忌人得多助。势位苟相敌，畏逼又相恶。己无好闻望，忌人文名著。己无贤子孙，忌人后嗣裕。争名日夜奔，争利东西鹜。但期一身荣，不惜他人污。闻灾或欣幸，闻祸或悦豫。问渠何以然？不自知其故。尔室神来格，高明鬼所顾。天道常好还，媢人还自误。幽明丛诟忌，乖气相回互。重者灾汝躬，轻亦灭汝祚。我今告后生，悚然大觉悟。终身让人道，曾不失寸步；终身祝人善，曾不损尺布。消除嫉妒心，普天零甘露。家家获吉祥，我亦无恐怖。

不求之诗

不求之诗写道：

知足天地宽，贪得宇宙隘。岂无过人姿，多欲为患害。在约每
思丰，居困常求泰。富求千乘车，贵求万钉带。未得求速偿，既得
求勿坏。芬馨比椒兰，磐固方泰岱。求荣不知厌，志亢神愈怢。岁
燠有时寒，月明有时晦。时来多善缘，运去生灾怪。诸福不可期，
百殃纷来会。片言动招尤，举足便有碍。戚戚抱殷忧，精爽日凋瘵。
矫首望八荒，乾坤一何大！安荣无遽欣，患难无遽慼。君看十人中，
八九无倚赖。人穷多过我，我穷犹可耐。而况处夷涂，奚事生嗟怃？
于世少所求，俯仰有余快。俟命堪终古，曾不愿乎外。

以上确实是圣贤克己之道，也不外乎修身教育的关键，真是好诗！当时
的士人相传，以为宝典。

八本三致祥

曾国藩又曾以八本、三致祥教诲子弟。八本是：

读古书以训诂为本，作诗文以声调为本，养亲以得欢心为本，
养生以少恼怒为本，立身以不妄语为本，治家以不晏起为本，居官
以不要钱为本，行军以不扰民为本。

三致祥是：

孝致祥，勤致祥，恕致祥。

总而言之，曾国藩的家庭教育不在于期望其子孙成为大官巨人，而是期
望他们成为圣贤君子；不期望他们功名富贵，而期望他们成为读书明理、自
主自修的人。他以克己修养、学问词章来教诲弟子，语言平明，行为切实，
他走的道路万古而不朽！

第十一章 教育（下）

◇女子教育 ◇万化始于闺门 ◇应立一定的章程 ◇纺织、酒食、烹调 ◇家风自厚 ◇用意周匝 ◇详释女子本然之道

女子教育

曾国藩在家庭教育中最注意的是女子教育。

万化始于闺门

曾国藩说："万化始于闺门，除刑于而无政。"曾国藩重视女子教育，是他修身齐家之道。

曾国藩首先注意振肃内教。同治四年乙丑（1865 年）闰五月初九日谕曾纪泽、曾纪鸿书中写道：

> 尔等奉母在寓，总以勤俭二字自惕，而接物出以谨慎。凡世家之不勤不俭者，验之于内眷而毕露。余在家深以妇女之奢逸为虑。尔二人立志撑持门户，亦宜自端内教始也。

应立一定的章程

同治六年丁卯（1867 年）五月端午与欧阳夫人书中写道：

> 夫人率儿妇辈在家，须事事立个一定章程。居官不过偶然之事，

居家乃是长久之计，能从勤俭耕读上做出好规模，虽一旦罢官，尚不失为兴旺气象。若贪图衙门之热闹，不立家乡之基业，则罢官之后，便觉气象萧索。凡有盛必有衰，不可不预为之计。望夫人教训儿孙妇女，常常作家中无官之想，时时有谦恭省俭之意，则福泽悠久，余心大慰矣。

曾国藩把祭祀当作家政的要事，令夫人深切注意。同治五年丙寅（1866年）十二月初一日致欧阳夫人书中写道：

家中遇祭酒菜，必须夫人率妇女亲自经手。祭祀之器皿，另作一箱收之，平日不可动用。内而纺绩做小菜，外而蔬菜养鱼、款待人客，夫人均须留心。吾夫妇居心行事，各房及子孙皆依以为榜样，不可不劳苦，不可不谨慎。

纺织、酒食、烹调

曾国藩又注意纺织、酒食、烹调各事。

家风自厚

同年六月二十六日谕曾纪泽、曾纪鸿书中教训道：

吾家门第鼎盛，而居家规模礼节总未认真讲究。历观古来世家久长者，男子须讲求耕读二事，妇女须讲求纺绩酒食二事。《斯干》之诗，言帝王居室之事，而女子重在酒食是议。《家人卦》，以一爻为主，重在中馈。《内则》一篇，言酒食者居半。故吾屡教儿妇诸女亲主中馈，后辈视之若不要紧。此后还乡居家，妇女纵不能精于烹调，必须常至厨房，必须讲求作酒作醯醢小菜换茶之类。尔等亦须留心于莳蔬养鱼。此一家兴旺气象，断不可忽。纺绩虽不能多，亦不可间断。大房唱之，四房皆和之，家风自厚矣。至嘱至嘱。

　　曾纪芬（1852-1942），号崇德老人，曾国藩季女。嫁入衡山名门聂家，其夫聂缉椝(1855-1911)以帮办滇捐局起家，至上海制造局总办，官迁至浙江巡抚。曾纪芬一直记着父亲曾国藩对她讲的话："予自三十岁以来，即以做官发财为可耻，以官囊积金遗子孙为可羞。盖子孙若贤，则不靠父辈，亦能自觅衣食；子孙若不贤，则多积一钱，必将多造一孽，后来淫佚作恶，大玷家声。故立定此志，决不肯以做官发财，决不肯以银钱予后人。""吾辈欲为先人留遗泽，为后人惜余福，除勤俭二字，别无他法。"图为曾纪芬、聂缉椝大婚图。

用意周匝

曾国藩叫家人连纺织、酒食这些小事都不可忽略，可知其细致入微，无所遗漏。

详释女子本然之道

曾国藩有六个女儿。长女嫁给袁秉桢，次女嫁给陈松生，三女嫁给罗兆升，四女嫁给郭刚基，第五女夭折，季女嫁给聂缉椝。袁秉桢曾有放逸的行为。曾纪泽为之忧虑，告之于曾国藩。同治元年壬戌（1862年）五月二十四日曾国藩谕曾纪泽书中写道：

> 尔信极以袁婿为虑，余亦不料其遽尔学坏至此，余即日当作信教之。尔等在家却不宜过露痕迹，人所以稍顾体面者，冀人之敬重也。若人之傲惰鄙弃业已露出，则索性荡然无耻，摒弃不顾，甘与正人为仇，而以后不可救药矣。我家内外大小于袁婿处礼貌均不可疏忽，若久不悛改，将来或接至皖营，延师教之亦可。大约世家子弟，钱不可多，衣不可多，事虽至小，所关颇大。

他的教训是圣贤君子之道，非曾国藩说不出这样的话，非曾国藩也做不出这样的事。

罗兆升也有些不安分。第三个女儿向曾国藩倾诉。同治二年癸亥（1863年）正月二十四日曾国藩谕曾纪泽书中教训道：

> 罗婿性情乖戾，与袁婿同为可虑，然此无可如何之事。……尔当谆嘱三妹柔顺恭谨，不可有片语违忤。三纲之道，君为臣纲，父为子纲，夫为妻纲，是地维所赖以立，天柱所赖以尊。故《传》曰：君，天也；父，天也；夫，天也。《仪礼》记曰：君至尊也，父至尊也，夫至尊也。君虽不仁，臣不可以不忠；父虽不慈，子不可以

不孝；夫虽不贤，妻不可以不顺。吾家读书居官，世守礼义，尔当告戒大妹、三妹忍耐顺受。吾于诸女妆奁甚薄，然使女果贫困，吾亦必周济而覆育之。目下陈家微窘，袁家、罗家并不忧贫，尔谆劝诸妹，以能耐劳忍气为要。吾服官多年，亦常在耐劳忍气四字上做工夫也。

这自然是儒教的女子教育，而曾国藩则是以这种主义教导他的女儿。曾国藩在安庆府时，听说曾纪泽及其女儿等人要来，同治二年癸亥（1862年）八月初四日谕曾纪鸿书中教训道：

知尔奉母于八月十九日起程来皖，并三女与罗婿一同前来。现在金陵未复，皖省南北两岸群盗如毛，尔母及四女等姑嫂来此，并非久住之局。大女理应在袁家侍姑尽孝，本不应同来安庆，因榆生在此，故吾未尝写信阻大女之行。若三女与罗婿，则尤应在家事姑事母，尤可不必同来。余每见嫁女贪恋母家富贵而忘其翁姑者，其后必无好处。余家诸女当教之孝顺翁姑，敬事丈夫，慎无重母家而轻夫家，效浇俗小家之陋习也。

爱情洋溢之处，并非溺爱，而是尽说女子本然之道。

第十二章　诗

◇自家独得的诗体　◇人籁天籁　◇襟韵潇洒　◇理想与诗调　◇诗如其人　◇圆适奇逸　◇高淡襟怀

自家独得的诗体

曾国藩虽然未必是诗人，但作为诗人，也足能自成一家。他的诗固非杜子美的沉郁，李太白的飘逸，韩昌黎的奇崛，也非苏东坡的纵横，陆放翁的悲壮，元遗山的激宕，也未必拘泥于一派一流；但其出入古今，涵泳百家，学其妙诀，成就自家独得的诗体。

人籁天籁

咸丰八年（1858 年）八月二十日，曾国藩谕曾纪泽书中写道：

尔欲作五古、七古，须熟读五古七古各数十篇。先之以高声朗诵，以昌其气；继之以密咏恬吟，以玩甘味。二者并进，使古人之声调，拂拂然若与我之喉舌相习，则下笔为诗时，必有句调凑赴腕下。诗成自读之，亦自觉琅琅可诵，引出一种兴会来。古人云"新诗改罢自长吟"，又云"煅诗未就且长吟"，可见古人惨澹（淡）经营之时，亦纯在声调上下工夫。盖有字句之诗，人籁也；无字句之诗，天籁也。解此者，能使天籁、人籁凑泊而成，则于诗之道思过半矣。

如此看来，曾国藩善知诗的真味。又，同治元年壬戌（1862 年）正月十四日谕曾纪泽书中写道：

> 余久不作诗，而好读诗。每夜分辄取古人名篇高声朗诵，用以自娱。今年亦当间作二三首，与尔曹相和答，仿苏氏父子之例。尔之才思，能古雅而不能雄峻，大约宜作五言，而不宜作七言。余所选十八家诗，凡十厚册，在家中，此次可交来丁带至营中。尔要读古诗，汉魏六朝，取余所选曹、阮、陶、谢、鲍、谢六家，专心读之，必与尔性质相近。至于开拓心胸，扩充气魄，穷极变态，则非唐之李、杜、韩、白，宋金之苏、黄、陆、元八家不足以尽天下古今之奇观。尔之质性，虽与八家者不相近，而要不可不将此八人之集悉心研究一番，实《六经》外之巨制，文字中之尤物也。

由此可知曾国藩在诗道素养方面是有根底的。

襟韵潇洒

曾国藩又在同年七月十四日谕曾纪泽书中写道：

> 五言诗，若能学到陶潜、谢朓一种冲淡之味，和谐之音，亦天下之至乐，人间之奇福也。尔既无志于科名禄位，但能多读古书，时时哦诗作字，以陶写性情，则一生受用不尽。第宜束身圭璧，法王羲之、陶渊明之襟韵潇洒则可，法嵇、阮之放荡名教则不可耳。

如此可见真诗人的襟韵潇洒之处。曾国藩的诗不偏于一派，上多得之于曹阮、陶谢、鲍谢之间，下多得之于李、杜、韩、白、苏、黄、陆、元之间。

笔者再进一步，就曾国藩的诗稍作玩味。道光二十一年辛丑（1841 年）《卅二初度次日书怀》中云：

男儿三十殊非少，今我过之讵足欢！龌龊挐瓶嗟器小，酣歌鼓缶已春阑。眼中云物知何兆，镜里心情只独看。饱食甘眠无用处，多惭名字依鹓（鸑）鸾。

慷慨悲壮，几逼陆放翁。

理想与诗调

这一年，曾国藩得郭筠仙来信和诗，回寄律诗六首：

展转看书字，嗟君亦老苍。昊天真藐藐，白日故堂堂。与子相期事，穷年恐不偿。忧来聊饱食，吾寿会无央。

大雅悲沦歇，斯文久不尊。至情宜倔强，吾道有篱藩。仰首呼虞舜，狂歌答屈原。自非君子性，兹意固难论。

垂耳甘刍豆，儒冠信误人。长为羁旅客，嗟汝少年身。物极能思返，天心会好仁。鹿鸣歌旨酒，滴滴入君唇。

闲闲观物化，耿耿究时喧。谊士羞要誉，廉夫重报恩。贾憎惟（唯）片语，求福实多门。种蕙怡幽独，归体勿复言。

昨来殊不适，日落独登楼。西北看辽沈，东南望海陬。苍茫怀百代，浩荡足千愁。画肚思长策，嗟余肉食谋。

日日怀刘子（谓孟容），时时忆郭生。仰天忽长叹，绕屋独巡行。云暗乾坤隘，风来户牖（牗）鸣。孤吟无与赏，寸憾浩纵横。

由此可知曾国藩的理想，也可看出他的诗调。
道光二十三年癸卯（1843 年）有感春六首，这里节录其中二首：

男儿读书良不恶，乃用文章自束缚。何（子贞）吴（南屏）朱（伯韩）邵（蕙西）不知羞，排日肝肾困锤凿。河西别驾酸到骨，昨者立驾三距跃。老汤（海秋）语言更支离，万兀千摇仍述作。丈夫求志动渭莘，虫鱼篆刻安足尘？贾马杜韩无一用，岂况吾辈轻薄人！

明珠二百斛，江湖三十年。遍求名剑终不得，耳闻目见皆钝铅。闻道海外双龙剑，神光夜夜烛九天。沴气妖星不敢遭，横斩鲛鳄血流川。天子宝之无伦比，列置深殿阅风前。千金万金买玉匣，火齐木难嵌中边。元臣故老重文学，吐弃剑术如腥膻。如今君王亦薄恩，缺折委弃当何言。

此诗奇崛有学韩昌黎之处，而寓意深远，不可求之于言外。

这年六月，曾国藩任四川正考官，有四川之行。不久为翰林院侍讲，十一月返京。当时往返途中所赋之诗，有琅琅可诵者，现将几首录于下面。《早发沔县遇雨》吟道：

此身病起百无忧，敢为艰难一怨尤。晓雾忽飞千嶂雨，西风已作十分秋。近知地利真堪恃，早信人谋不自由。昨日定军山下过，苍天一望故悠悠。

此诗俯仰古今，笔力雄劲，终非率然之作。其《初入四川境喜晴》吟道：

万里关山睡梦中，今朝始洗眼朦（蒙）胧。云头齐拥剑门上，峰势欲随江水东。楚客初来询物俗，蜀人自古足英雄。卧龙跃马今安在？极目天边意未穷。

此诗应喜郁奇。他还有《入陕西境》之作六绝句，吟道：

西风已谢朔风道，客子劳劳且未休。行过嘉陵三百里，飞崖绝壁又秦州。破晓七盘山上望，回看蜀国万峰环。英雄割据终何有？陵谷沧桑事等闲。（南栈唯七盘岭与朝天关最高。）乱山合处响沉沉，古洞千年海样深。独卧篮舆初梦觉，时闻脚底老龙吟。（两山忽合，中如长虹，名龙洞。背下有洞，可容数千人。）忽忆老筠吾匹俦（谓郭大），汨罗江上苦吟秋。未成嘉会方王贡，便恐才名驾应刘。江流日夜走荆襄，陇蜀由来四战场。故垒无人谈往事，空山有客吊斜阳。（入秦三十里为百牢关。关以东，水皆东流入沔；关以西，水皆西流入嘉陵江。）七二寒溪没骭深，溪边茅屋隔枫林。归人正怯征衣薄，又听山城响暮砧。（宁羌州多山涧，病涉，俗名"七十二道脚不干"。）

此诗触境成趣，曲折莫不如意，也是妙笔。曾国藩在《留侯庙》中吟道：

小智徇声荣，达人志江海。咄咄张子房，身名大自在。信美齐与梁，几人饱蒇醢。留邑兹岩疆，亮无怀璧罪。国仇亦已偿，不退当何待！郁郁紫柏山，英风渺千载。遗踪今则无，仙者岂予绐！揭来瞻庙庭，万山雪皑皑。赤日岩中生，照耀金银彩。亦欲从之游，惜哉吾懒怠。

此诗描写出留侯的心胸面目，咄咄逼真，非曾国藩不能。其《废邱关》吟道：

项王西入关，叱咤何雄哉！鼻息撼山岳，号令如轰雷。分茅割大地，驾驭英雄才。六王既立后，三将还西来。降臣剖符竹，洪度方洞开。废邱亦善地，百里辟蒿莱。桓桓章将军，仡仡貔虎材。奸竖主帷幄，大将终疑猜。望夷不足惜，此类良可哀。行人一长叹，万壑悲风回。

项王的人格性行，笔笔如画，足以补项羽本纪之缺。其《国士桥》吟道：

乱鸦呼噪若为情？疲马逡巡尚欲惊。遭遇一生容可再？艰难万死竟无成。至今平楚风犹劲，终古寒流意未平。他日王孙知己感，可怜钟室泪纵横。

此诗音节雄奇，中有无限感慨。道光二十六年丙午（1846 年）《送谢果堂前辈归江南》吟道：

我昔曾读《知耻集》，憾不追逐参翔翺。当时小人窃国柄，狐鸣枭噪何贪饕。霍家奴子青油幰，夜半狭巷公嬉遨。一朝烧车震都市，骢马御史真人豪。至今朝士诵遗直，言之凛凛寒生毛。先生早闻过庭训，岂有劲干能枉挠。（谢芗泉先生，名振定，为御史时，曾烧和珅家奴车。旋以他事中伤落职。嘉庆四年，起复为礼部主事。今上常呼果堂为烧车御史之子。）廿年作吏领畿赤，王事何曾怨贤劳。为怜疲民困蹂躏，亲抚积瘵勤爬搔。豫州丰碑吾所见，德政犹传万口牢。复闻巴僰魖结恶，十载边陲苦绎骚。先生手草谕蜀檄，剖巢熏穴鼪鼯号。杀贼自是书生事，成功屡蒙圣人褒。（果堂讨平四川夷匪，赏戴花翎。）陈立余威慑骁冉，文翁雅化烝誉髦。方今时俗忌博骞，傲傲万众铺醨糟。却笑先生抱古调，肯随里耳同喧嘈？谁言夷途百无牿，未免奇数时一遭。大江东下日滔滔，浊水沉珠不可捞。使君一去万人哭，牵衣遮道何嗷嗷！蛾眉谣诼古所惜，坐使斧柯终倒操。揭来长安谈旧事，磨砻圭角深自韬。削如太华立千仞，绝顶秋隼下平皋。始知老辈尚峤节，堪哂薄俗徒尘嚚。嗟余昏顽大无识，随人俯仰如桔槔。频蒙美言药狂瞽，须臾便达肓与膏。昨者告别惊何遽，归心已似风中旄。逝将买山学耕钓，行且筑室诔蓬蒿。世事痴聋不复问，典衣取酒乐陶陶。天空地阔网罗少，黄鹄一举何其高！纷纷燕雀非吾曹。

洋洋洒洒，毫无局促之态，足见其健笔。而忧时慨世之情，自然溢于言外。

道光二十九年己酉（1849 年）《题簦笈谷图》云：

我家湘上高嵋山，茅屋修竹一万竿。春雨晨锄属（属旁侧刀）玉版，秋风夜馆鸣琅玕。自来京华昵车马，满腔俗恶不可删。洞庭天地一大物，一从北渡遂不还。若忆故乡好林壑，梦想此君无由攀。嗟君与我同里社，误脱野服充朝班。一别簦笈谢猨鹤，十年台省翔鹓鸾。鱼须文笏岂不好！却思乡井长三叹。钱唐画师天所纵，手割湘云落此间。风枝雨叶战寒碧，明窗大几生虚澜。簿书尘埃不称意，得此亦足镌疏顽。还君此画与君约，一月更借十回看。

虽在廊庙，不忘江湖山林的快乐，由此可知他的襟韵。

咸丰五年乙卯（1855 年）秋，南康舟次之际，会合赋一首赠与刘孟容、郭伯琛，其诗吟道：

东风吹片云，嘉客千里来。喘如竹筒吹，腐公翟然喜。朋僚杂迎笑，吾亦倒吾屐。各自极其魂，告曰某在此。倾衿语晨夜，烂熳（漫）不知止。上言离别长，岁月弦脱矢；下言兵事殷，成败真梦耳。江汉天下雄，三年宅蛇豕。王师有蹒踏，戈船照清沚。掀浪煮鼋鼍，洪涛染为紫。长驱下蕲黄，铁锁沉江底。群龙水中生，怒螳车下死。英英塔与罗，威名誉南纪。倚啸灊庐间，天戈欲东指。人事有变迁，由来不可拟。鬼火夜灼天，坏云压高垒。龙骧付一炬，韩壁仅可抵。偕行竟无衣，存足乃无履。夜半饥肠鸣，大声震江水。腐公不知羞，恬然矜爪觜。谓言多难时，从来福所倚。在营义不忘，图南风渐起。稍稍召惊魂，时哉可归矣。世论自悠悠，冰肤生疮痏。困穷念本根，风雨思君子。艰难复相逢，得非天所祉。回首廿年前，志亢声亦侈。忧患阅千变，返听观无始。老夫苦多须，须多老可鄙。二子苦无髭，无髭亦可耻。自乏谐俗韵，不关年与齿。贞松无春竞，岁晏行可俟。作诗志会合，亦用砭麻痹。

曾国藩的诗，诗如其人。他的诗虽未必有神采焕发、灵光陆离、令人目眩之奇，但有平淡而沉痛之处，深稳而雄健之所，圆通而奇逸之妙，多得之于陶靖节的五古、杜少陵的五律和陆放翁的七绝。

此诗沉雄顿挫，曲尽事情，复无余蕴，诗即史，史即诗，这就是曾国藩的诗作。

这一年有《次韵何廉访太守感怀述事》十六首，现节录其六首如下：

惨淡兵戎春复秋，浊醪谁信遣千忧？战场故鬼招新鬼，世事前沤散后沤。驰逐几同秦失鹿，劬劳只愧鲁无鸠。何时浩荡轻鸥去？一舸鸱夷得少休。

沧海横流泽有鸿，微生偶出一当熊。千艘梭织怒涛上，万幕笳吹明月中。屠罢长鲸波尚赤，战归骄马汗犹红。谁知春晚周郎老，更与东皇乞好风。

浔阳江水接天长，良将新祠皎雪霜。半壁东南支柱石，数州士女荐馨香。竟无耆寿追充国，犹有嘉名配武乡。匹马寸金都谢绝，三明何必数西凉！

山县寒儒守一经，出山姓字各芳馨。要令天下消兵气，争说湘中聚德星。旧雨三年精化碧，孤灯五夜眼常青。书生自有平成量，地脉何曾独效灵？

幕府山头对碧天，英英群彦满樽前。共扶元气回阳九，各放光明照大千。短李迂辛杂嘲谑，箕张牛奋总安便。独怜何逊今漂泊，望断寒云暮霭边。

圣主中兴迈盛周，联翩方召并公侯。神威欲挟雷霆下，大业常同江汉流。藻火但闻山甫衮，桐庐岂有子陵裘。鹓（鸑）鸶台阁方新构，杞梓楩楠一例收。

悲歌慷慨，其笔力直追杜少陵。

诗如其人

曾国藩的诗，诗如其人。

圆适奇逸

他的诗虽未必有神采焕发、灵光陆离、令人目眩之奇，但有平淡而沉痛之处，深稳而雄健之所，圆通而奇逸之妙，多得之于陶靖节的五古、杜少陵的五律和陆放翁的七绝。

高淡襟怀

曾国藩在同治六年丁卯（1867 年）三月二十二日谕曾纪泽书中写道：

> 凡诗文趣味，约有二种，一曰诙诡之趣，一曰闲适之趣。诙诡之趣，惟庄、柳之文，苏、黄之诗。韩公诗文，皆极诙诡，此外实不多见。闲适之趣，文惟柳子厚游记近之，诗则韦、孟、白傅均极闲适。而余所好者，尤在陶之五古、杜之五律、陆之七绝，以为人生具此高淡襟怀，虽南面王不以易其乐也。

可知其悟入之所在此。

第十三章 文

一代大家

曾国藩有诗人的襟韵，同时也有文人的资格。曾国藩固非寻常一样的文士，其作文确然不失一代大家的位置，这可谓令曾国藩千古不朽的一个原因。

一家的特色

曾国藩的文章以经术为本，虽并不以驰骋纵横见其长，但出入古今，理想深远，法度谨严，词（辞）藻富腴，蔚然自成一家。而其理想得之于四书五经及《史记》《汉书》《庄子》，其法度效法韩、柳、欧、曾，其词藻学习司马相如、扬子云及《文选》，辅之以清朝文体。

咸丰九年己未（1859 年）四月二十一日谕曾纪泽书中写道：

> 余于《四书》《五经》之外，最好《史记》《汉书》《庄子》韩文四种。好之十余年，惜不能熟读精考。又好《通鉴》《文选》及姚惜抱所选《古文辞类纂》、余所选《十八家诗抄》四种，共不过十余种。

又在《圣哲画像记》中写道：

> 西汉文章，如子云、相如之雄伟，此天地遒劲之气，得于阳与刚之美者也。此天地之义气也。刘向、匡衡之渊懿，此天地温厚之气，得于阴与柔之美者也。此天地之仁气也。东汉以还，淹雅无惭于古，而风骨少隤（颓）矣。韩、柳有作，尽取扬、马之雄奇万变，而内之于薄物小篇之中，岂不诡哉！欧阳氏、曾氏皆法韩公，而体质于匡、刘为近。文章之变，莫可穷诘。要之，不出此二途，虽百世可知也。

雄奇之文以昌黎为第一

曾国藩又在咸丰十一年辛酉（1861 年）正月初四日谕曾纪泽书中写道：

> 余好古人雄奇之文，以昌黎为第一，扬子云次之。二公之行气，本之天授。至于人事之精能，昌黎则造句之工夫居多，子云则选字之工夫居多。

由此可知曾国藩文章的渊源。

训诂精确，声调铿锵

曾国藩的文章以训诂精确、声调铿锵为主，特别如奏议，似陆宣公穷尽事理的文章。咸丰十年庚申（1860 年）闰三月初四日谕曾纪泽书中写道：

> 吾观汉魏文人，有二端最不可及：一曰训诂精确，二曰声调铿锵。《说文》训诂之学，自中唐以后人多不讲，宋以后说经尤不明故训，及至我朝巨儒始通小学。段茂堂、王怀祖两家，遂精研乎古人文字声音之本，乃知《文选》中古赋所用之字，无不典雅精当。尔若能熟读段、王两家之书，则知眼前常见之字，凡唐宋文人误用

者，惟《六经》不误，《文选》中汉赋亦不误也。……至声调之铿锵，如"开高轩以临山，列绮窗而瞰江""碧出芘宏之血，乌生杜宇之魄""洗兵海岛，刷马江洲""数军实乎桂林之苑，飨戎旅乎落星之楼"等句，音响节奏，皆后世所不能及。尔看《文选》，能从此二者用心，则渐有入理处矣。

由此可知曾国藩的能力用于训诂与声调之深。

曾国藩也能注意造句选字，一字一句也不漫下笔。咸丰十年庚申（1860年）四月二十四日谕曾纪泽书中写道：

无论古今何等文人，其下笔造句总以珠圆玉润四字为主。无论古今何等书家，其落笔结体，亦以珠圆玉润四字为主。故吾前示尔书，专以一重字救尔之短，以一圆字望尔之成也。世人论文家之语圆而藻丽者，莫如徐陵庾信，而不知江淹鲍照则更圆，进之沈（约）任（昉），则亦圆。进之潘岳、陆机则亦圆。又进而溯之东汉之班固、张衡、崔骃、蔡邕则亦圆，又进而溯之西汉之贾谊、晁错、匡衡、刘向则亦圆。至于马迁、相如、子云三人，可谓力趋险奥，不求圆适矣；而细续之，亦未始不圆。至于昌黎，其志意直欲凌驾子长、卿、云三人，戛戛独造，力避圆熟矣，而久读之，实无一字不圆，无一句不圆。尔于古人之文，若能从江、鲍、徐、庾四人之圆步步上溯，直窥卿、云、马、韩四人之圆，则无不可读之古文矣，即无不可通之经史矣。

由此可知，其学已入精微之处，也可知曾国藩的文章直逼汉唐，自成一家，绝非偶然。

黎庶昌曾说：

咸丰之初，余从独山莫君子偲所读公所为汉阳刘先生传志，即深伟而慕好之，以为古作者之伦，然而无由睹其全也。其后十年为今上御极之岁，庶昌来从公军安庆，兵事少暇，辄从问学，因得与闻读书作文之法。盖公之意，尝欲综我朝诸儒之多识、格物、博辨、训诂，一寓于雄奇万变之中，以韩欧规模杼马班神理，挈而返之两汉三代，其识可谓卓绝矣。

真如其言，曾国藩的文章垂于不朽，不仅在于文章的雄奇万变直逼汉魏唐宋，而且在于他的文章有关经世实用。

文章为经国之大业

薛福成写道：

> 公生平治军最久，故疏中言军事亦多。每建一策，议一制，必综贯其本末利病，而徐规其远者大者。其发为文章，精纯简畅，穷尽事理，朝廷于公言无不从。及行之，而效或立睹，或迟之益远，卒皆如公言。

文章之为经国大业，可见之于曾国藩。

立德、立功、立言

英翰曾就曾国藩评道：

> 其学殖有文贞之专谨（安溪李文贞），其政事有文靖之综练（溧阳史文靖），其考证今古，抉滞钩沉，有文肃之核博（高邮王文肃），而文章卓雅，襟怀恬退，虽握节拥旄而被服儒素，则又以抱钱沈二公之高致焉（嘉兴钱文端，长州沈文悫）。

立德、立功、立言三者兼有，为上下数千年绝无仅有，曾国藩兼而有之，英翰此言未必为溢美之词。

大胸襟

曾国藩与冯鲁川书中写道：

> 宋代文人如欧苏曾黄诸公，皆以大儒之学术兼名世之襟度，岂区区所能攀跻！若谓下走遭遇际会，得与平寇之役，则彼数君子者特未遇其时，得一藉手耳。假令秉斧钺之任，成李郭之勋，在数君子视之，固当如蚊虻鹳雀之过手前，曾不置有无于胸中。弟无数君子之学识，而颇师其襟怀。

由此可知曾国藩的大胸襟，而不朽之人有自在。

文章不朽

曾国藩送梅伯言归金陵之诗吟道：

> 文笔昌黎百世师，桐城诸老实宗之。方姚以后无孤诣，嘉道之间又一奇。碧海鳌呿鲸掣候，青山花放水流时。两般妙境知音寡，它日曹溪付与谁？

由此可知，文章也是千古之事。虽有拔山盖世的功劳，若无文章垂于不朽，则也是徒然。

第十四章　学

大功业与大修养

成就大功业的人就有大修养，有大修养的人会有大学问。天下莫不震骇于曾国藩功业的伟大，而不知曾国藩素有修养，也不知他之所以素有修养，是由于他的学问，如此怎么能够了解曾国藩其人！

探讨圣学的真源

曾国藩的学问虽以程朱为主，兼采汉儒，但不偏于一方，也没有独立门户。简言之，他不仅究心圣学的真源，身体力行，要做圣人君子，而对训诂、诗、文三者也不敢轻视，但其本领还不止于此。他还要躬行实践，修身齐家治国平天下，一以贯之，所以曾国藩善于实行孔子的学问，其人格卓然超绝于功名富贵、人爵声誉之外。

圣哲三十三人

曾国藩在军中曾取古今圣哲三十三人，绘画他们的肖像，作为自己的老师。这三十三人即文王、孔子、孟子、班固、司马迁、左丘明、庄子、诸葛亮、陆贽、范仲淹、司马光、周敦颐、程颢、程颐、朱熹、张载、韩愈、柳宗元、欧阳修、曾巩、李白、杜甫、苏轼、黄庭坚、杜佑、郑樵、马端临、顾炎武、秦蕙田、姚鼐、王念孙。《圣哲画像记》中写道：

> 国藩志学不早，中岁侧身朝列，窃窥陈编，稍涉先圣昔贤魁儒长者之绪。驽缓多病，百无一成；军旅驰驱，益以芜废。丧乱未平，而吾年将五十矣。往者，读班固《艺文志》及马氏《经籍考》，见其所列书目，丛杂猥多，作者姓氏，至于不可胜数，或昭昭于日月，或湮没而无闻。及为文渊阁直阁校理，每岁二月，侍从宣宗皇帝入阁，得观《四库全书》。其富过于前代所藏远甚，而存目之书数十万卷，尚不在此列。呜呼！何其多也！虽有生知之资，累世不能竟其业，况其下焉者乎！故书籍之浩浩，著述者之众，若江海然，非一人之腹所能尽饮也。要在慎择焉而已。余既自度其不逮，乃择古今圣哲三十余人，命儿子纪泽图其遗像，都为一卷，藏之家塾，后嗣有志读书取足于此，不必广心博骛，而斯文之传，莫大乎是矣。

又写道：

> 尧舜禹汤，史臣记言而已，至文王拘幽，始立文字，演《周易》。周孔代兴，六经炳著，师道备矣。秦汉以来，孟子盖与庄、荀并称。至唐，韩氏独尊异之。而宋之贤者，以为可跻之尼山之次，崇其书以配《论语》，后之论者，莫之能易也。
>
> ……
>
> 自朱子表章周子、二程子、张子，以为上接孔孟之传，后世君相师儒，笃守其说，莫之或易。乾隆中，闳儒辈起，训诂博辨，度越昔贤；别立徽志，号曰汉学，摈弃宋五子之术，以为不得独尊。而笃信五子者，亦屏弃汉学，以为破碎害道，断断焉而未有已。吾观五子立言，其大者多合于洙泗，何可议也？其训释诸经，小有不当，固当取近世经说以辅翼之，又可屏弃群言以自隘乎？斯二者亦俱讥焉。

由此可以察知曾国藩的宗旨，即其学问不偏于一方。

经世实用之学

曾国藩研究周程张朱的理学，有所心得，同时不懈地讲求经世实用的学问。其讲究经世实用之学时，最着力于礼的第一义，故在《圣哲画像记》中写道：

> 先王之道，所谓修己治人、经纬万汇者，何归乎？亦日礼而已矣。秦焚书籍，汉代诸儒之所掇拾，郑康成之所以卓绝，皆以礼也。杜君卿《通典》，言礼者十居其六，其识已跨越八代矣！有宋张子、朱子之所讨论，马贵与、王伯厚之所纂辑，莫不以礼为兢兢（竞竞）。我朝学者，以顾亭林为宗，国史《儒林传》襄然冠首。吾读其书，言及礼俗教化，则毅然有守先待后、舍我其谁之志，何其壮也！厥后张嵩庵作《中庸论》，及江慎修、戴东原辈，尤以礼为先务。而秦尚书蕙田，遂纂《五礼通考》，举天下古今幽明万事，而一经之以礼，可谓体大而思精矣。吾图画国朝先正遗像，首顾先生，次秦文恭公，亦岂无微旨哉！桐城姚鼐姬传，高邮王念孙怀祖，其学皆不纯于礼。然姚先生持论阂通，国藩之粗解文字，由姚先生启之也。王氏父子，集小学训诂之大成，夐乎不可几已，故以殿焉。

由此可知，其学问虽穷极哲理的奥妙，也不忘其适合于实用。所以，曾国藩既是儒者，同时又是政治家；既是君子，同时也是英雄；既是立言之人，又是立功之人。其养有所素，其学有所源。

克己复礼的功夫

曾国藩在研究程朱之学的同时，也能不懈地讲求经世实用的学问，所以其学问不流于空疏，其事功得以伟大。然而，他的人格巍然逸出千古，令天下后世景仰，原因无他，在于花费功夫克己复礼，要做圣人君子。曾国藩不论是作为家庭的儿子，作为京官，作为将帅，还是作为封疆大吏，时时刻刻都在花费功夫于自省克己。

大道学实践的历史

曾国藩修身的历史完全是实践大道学的历史。《求阙斋日记》中有克己之篇，有愧则书之，有悔则录之，奋力克己，可知其苦心之一端。他在记事中写道：

> 见罗翟江三县令，因语言不合理，予怒而斥之甚厉，颇失为人之上者泰而不骄、威而不猛之义。

由此可以想见他汲汲于克己的工夫。

道光十八年戊戌（1838年），曾国藩壮年进士及第，入翰林，但未以之而满足，研精勤苦，益究历史，与当时的贤者倭仁、吴廷栋、唐鉴、何桂珍、窦人和、邵懿辰、陈源兖等人往复讨论，几无虚日。当时定下读书的课程，编、摩、记、注，分为五门，曰《茶余偶谈》，曰《过隙影》，曰《馈盆粮》，曰《诗文钞》，曰《诗文草》是也。时或有所论述，不敢示之于人，讲学务自秘，不敢表曝于外，以作日记躬行实践为主。由此足可以知其修养如何。

课程十二条

课程十二条（道光廿二年壬寅在京日记）

一、敬。整齐严肃。无时不惧。无事时心在腔子里，应事时专一不杂。如日之升。

二、静坐。每日不拘何时，静坐半时。体验来复之仁心。正位凝命。如鼎之镇。

三、早起。黎明即起，醒后勿粘恋。

　　曾国藩与刘孟容书中写道："君子所性，虽破万卷不加，虽不识一字无损。"与冯树堂书中写道："周公之材艺，孔子之多能，吾不如彼，吾不疚；若践形尽性，彼之禀处吾亦禀。"此可谓彻破大道真源之言。曾国藩的思想灵活，道念崇高，其身即达于圣境，必是由于他的大道学、大修养和大克己。图为《求阙斋日记类钞》中记载的《湘乡曾国藩随笔·问学》。

四、读书不二。一书未点完，概不看他书。东翻西阅，徒徇外为人。每日以十叶为率。

五、读史。丙申购廿三史，大人曰："尔借钱买书，吾不惮极力为尔弥缝。尔能圈点一遍，则不负我矣。"嗣后每日点十叶，间断不孝。

六、谨言。刻刻留心，是功夫第一。

七、养气。气藏丹田，无不可对人言之事。

八、保身。十月廿二日奉大人手谕曰："节劳、节欲、节饮食。"时时当作养病。

九、日知所亡。每日记《茶余所谈》二则。有求深意是徇人。

十、月无忘所能。每月作诗文数首，以验积理之多寡，养气之盛否。不可一味耽著，最易溺心丧志。

十一、作字。早饭后写字半时，凡笔墨应酬，当作自己课程。凡事不可待明日，愈积愈难清。

十二、夜不出门。旷工疲神，切戒切戒。

对于以上课程，曾国藩可谓有心得，有体会，品性纯粹，几近入圣域，正所谓追濂洛之遗风，求孔颜之真趣。黎庶昌曾评论道：

公之在翰林，即病世儒舍本骛末、以寡要乏实取讥，恒用自瑟而返求诸修己治人之原以，庶几乎孔颜座言起行之旨。其规模德量固已阔远矣。

此言可谓得其真相。

日课四条

又，曾国藩在同治十年辛未（1871 年）金陵署中的日课四条中写道：

一曰慎独则心安。内省不疚可以对天地质鬼神。

二曰主敬则身强。固人肌肤之会筋骸之束。

三曰求仁则人悦。孔孟以后论求仁者莫精于西铭。

四曰习劳则神钦。勤则寿考，逸则夭亡，无逸之训。

余衰年多病，目疾日深，万难挽回。汝及诸侄辈身体强壮者少。古之君子，修己治家，必能心安而身强，而后有振兴之象。必使人悦神钦，而后有骈集之祥。今书此四条，老年用自儆惕，以补昔岁三愆。并令二子各自励勉，每夜以此四条相课。每月终以此四条相稽，仍寄诸侄共守，以期有成焉。

由此也足知曾国藩如何不忘克己的工夫。

又，曾国藩在《金陵督署官厅联》中写道：

虽贤哲难免过差，愿诸君谠论忠言，常攻吾短；

凡堂属略同师弟，使寮（僚）友行修名立，方尽我心。

可见他不论是作为个人还是作为官员，其处心并无二致。这也是克己的工夫。

李鸿章就曾国藩的学问评论道：

至其始终不变而持之有恒者，则惟（唯）日以克己为体，以进贤为用，二者是以尽之矣。大凡克己之功未至，则本原不立，始为学术之差，继为事业之累，其端甚微，其效立见。曾国藩自通籍后，服官侍从，即与故大学士倭仁、前侍郎吴廷栋、故太常寺卿唐鉴、故道员何桂珍讲求先儒之书，剖析义理，宗旨极为纯正，其清修亮节已震一时。平时制行甚严，而不事表曝于外；立心甚恕，而不务求备于人。故其道大而能容，通而不迂，无前人讲学之流弊。继乃不轻立说，专务躬行，进德尤猛。

事实真如其言。

大道学，大克己

曾国藩与刘孟容书中写道："君子所性，虽破万卷不加，虽不识一字无损。"与冯树堂书中写道："周公之材艺，孔子之多能，吾不如彼，吾不疚；若践形尽性，彼之禀处吾亦禀。"此可谓彻破大道真源之言。曾国藩的思想灵活，道念崇高，其身即达于圣境，必是由于他的大道学、大修养和大克己。

第十五章　交友（甲）：江忠源与曾国藩

◇战功卓著　◇首倡勤王　◇儒文侠武　◇江侯尔岂近世人　◇交游不寻常　◇曾国藩所撰江忠源挽联

战功卓著

江忠源号岷樵，湖南省新宁人，素来与曾国藩友善。他居住在京师的时候，曾从容地对曾国藩说："新宁有青莲教匪，有乱兆。"回乡二年后，又到京师，曾国藩跟他开玩笑，问道："青莲教匪究竟如何？为何长久无验？"江忠源回答："我暗中劝诫亲朋好友不要入教，团练壮丁，缮修兵仗，做好准备。"再度回乡时，果然有雷再浩之变。江忠源一战破之，绑缚雷再浩，处以磔刑，以功擢升知县。不久，江忠源到京，又对曾国藩说："乱虽已定，大吏姑息，不肯诛杀余党，所以祸将复发。"过了一年，又有李元发之变。不久，广西发生大乱，江忠源招募楚勇讨伐，战功卓著，咸丰三年癸丑（1853年）十二月十七日，死于庐州城的保卫战。终年四十二岁，进赠总督。

首倡勤王

江忠源虽无胡林翼那种经世的见识，虽无罗泽南那种纯正的学殖，但他忠义奋发，首倡勤王，以此鼓舞了一代人的士气，可谓烈丈夫。道光三十年庚戌（1850年）曾国藩在《荐贤才疏》中写道："江忠源忠义耿耿，爱民如子。"他很赏识江忠源其人。又在《江忠烈公神道碑》中表彰江忠源的功勋，写道：

　　江忠源号岷樵，湖南省新宁人，素来与曾国藩友善。道光三十年庚戌（1850年）曾国藩在《荐贤才疏》中写道："江忠源忠义耿耿，爱民如子。"他很赏识江忠源其人。

国藩昔与公以学行相切。文宗御极，荐公以应求贤之诏。公尝疏请三省造舟练习水师。又尝寓书国藩，坚属广置炮船，肃清江面，以弭巨祸。其后，国藩专力水军，幸而有成，从公谋也。

儒文侠武

又，曾国藩在铭文中以"儒文侠武"四字评价江忠源的性格，可谓名言。

江侯尔岂近世人

道光二十五年乙巳（1845 年）之交，曾国藩有酬江忠源诗，写道：

市廛交态角一哄，朝为沸汤莫冰冻。江侯尔岂近世人，要须羊左与伯仲。汉上邹生狷者徒，卧病长安极屡空（谓邹柳溪）。导养难绝三彭仇，恶谶欲寻二竖梦。君独仁之相披携，心献厥诚匪貌贡。执役能令贱者羞，感物颇为时人诵。丈夫智勇弥九州，守愚常抱汉阴瓮。不学世上轻薄儿，巧笑人前事机弄。昔我持此语冯生（谓树堂），沉饮深觥岂辞痛。郭生酒后尤激昂（谓筠仙），往往新篇发嘲讽。君今劲节盘高秋，况有诗句惊万众。《喜雨》一章已恢奇，犹嫌伏辕受羁鞚。顷来贶我珍琼瑶，韬以锦囊无杀缝。我今尘海久沦胥，方寸迷濛足雾霿。乃知贫贱真可欢，富贵縻身百无用。因君寄语谈天客，狂夫小言或微中。但教毛羽垂九天，未要好风遽吹送。

交游不寻常

上面这首诗之后的附记写道：

邹兴愚，字柳溪，新化人，客居陕西兴安。道光庚子举陕西乡试，家酷贫而自守严，不苟取。今年大病京师，不得与礼部试。医药杂役，皆岷樵躬之。急难之谊，吾见亦罕。予既为此诗，后十日而兴愚死。予与岷樵及兴愚之族兄子律三人者，为经纪其后事，秩然可以无悔。将以七月归其丧兴安。岷樵盖有始终者。子律字春生，亦笃士。六月十二日附记。

由此可见，曾国藩与江忠源的交情非同寻常。

曾国藩所撰江忠源挽联

曾国藩挽江忠源联写道：

日战守三城，章贡尤应千世祀；两年跻八座，江天忽报大星沉。

痛惜之情溢于言外，岂是偶然！

第十六章　交友（乙）：罗泽南与曾国藩

◇相知相信　◇非将在儒　◇学问与事业功效无异　◇血痕淋漓尽沾衣　◇人才的培养　◇大本内植，伟绩外充

相知相信

罗泽南字仲岳，号罗山，湖南湘乡人，起自儒生，组织湘勇，征讨太平军有战功。咸丰六年丙辰（1856年）于武昌之战中受伤，三月八日卒于军中，终年五十。嗣罗兆升，娶曾国藩第三女。所以罗泽南与曾国藩已是姻亲。而在学术上互相切磋，在军事上互相提携。其相知相信，非同寻常之交。

非将在儒

罗泽南在军中为时四载，大小百数十战，毅然以身许国，屡奏奇功，诚为一世名将。然而，罗泽南的本领不在将，而在儒。曾国藩在《罗忠节公神道碑铭》中写道：

> 公之学，其大者以为天地万物，本吾一体。量不周于六合，泽不被于匹夫，亏辱莫大焉。凛降衷之大原，思主静以研几，于是乎宗张子而著《西铭讲义》一卷，宗周子而著《太极衍义》一卷。幼仪不慎，则居敬无基；异说不辨，则谬以千里。于是乎宗朱子而著《小学韵语》一卷，《姚江学辨》二卷。严义利之闲，穷阴阳之变，旁及州域形势，百家述作，靡不研讨。于是乎有《读孟子札记》二

卷、《周易本义衍言》若干卷、《皇舆要览》若干卷、诗文集八卷。其为说虽多，而其本躬修以保四海，未尝不同归也。

可知罗泽南学问是有根蒂的。他又写道：

> 公少就学，王父屡典衣市米，节缩于家，专饷于塾。年十九，即借课徒取资自给。丧其母，又丧其兄，旋丧王父。十年之中，连遭期功之戚十有一。尝以试罢，徒步夜归。家人以岁饥不能具食，妻以连哭三子丧明。公益自刻厉，不忧门庭多故，而忧取学不能拔俗而入圣；不耻生事之艰，而耻无术以济天下。其后年逾三十，乃补学官附生。逾四十，乃以廪生举孝廉方正。假馆四方，穷年汲汲，与其徒讲论濂洛关闽之绪，瘏口焦思，大畅厥旨。

由此可知，罗泽南也是苦学砥砺的书生。

学问与事业功效无异

曾国藩又写道：

> 公在军四载，论数省安危，皆视为一家骨肉之事，与其所注《西铭》之旨相符。其临阵审固乃发，亦本主静察几之说。而行军好相度山川脉络，又其讲求舆图之效。君子是以知公之功，所蓄积者夙也，非天幸也。

由此可知，罗泽南的学问与事业功效无异。

血痕淋漓尽沾衣

武昌之战，罗泽南督军抵抗大敌，敌弹击中左颊，血痕淋漓沾人衣。罗泽南仍然不屈，踞坐指挥军队，归营后死去。病重时，胡林翼来看他，握手

　　罗泽南一生大部分时间生活于湖南，受到湖湘文化强烈而深刻的熏陶。湖湘文化是一种理学型的文化，在湖湘学风的影响下，罗泽南自少时就尊崇程朱理学，是一位著述丰厚的理学家。他对晚清理学所做的贡献，不仅在于对理学基本思想的阐发，更在于吸纳经世实学以充实程朱理学。罗泽南除了系统阐发了理学的基本思想，还发展了理学中本来就具有但却一直被忽视的"外王之学"，深挖理学的经世潜能，处则聚徒讲学，出则投身军旅，率领生徒抗拒太平军，为清政府立下了汗马功劳。

哭泣。罗泽南说："危急时站得定，方为有用之学，死何足惜！只可惜事未了矣！"他去世时，军士哀泣，江西、湖南的士民闻讯嗟惋销魂。

人才的培养

罗泽南平生注意培养人才，湘军名将王鑫、李续宾、蒋益澧、杨昌浚等人都是他的高足，跟随曾国藩创下功业。罗泽南可谓不负所学。胡林翼在奏疏中写道：

> 臣于上年会同布政使衔浙江宁绍台道罗泽南、记名道安庆府知府李续宾之师，在九江、湖口连营一月，见其每战必先，忠勇冠时。本年十月十四日取道嘉鱼，会于蒲圻，其营中将士勇敢朴诚，诚有古烈士风。察其所用之材，则皆罗泽南所教弟子，及其祖若父之门生也。

罗泽南功绩未著，官位不过道员而已，便已早逝，但其学行卓然，与曾国藩一起有贡献于国家的大功。

大本内植，伟绩外充

曾国藩在《罗忠节公神道碑铭》中写道：

> 矫矫学徒，相从征讨；朝出鏖兵，暮归讲道。洛闽之术，近世所捐；姚江事业，或迈前贤。公慎其趋，既辨其诡；仍立丰功，一雪斯耻。大本内植，伟绩外充。兹谓豪杰，百世可宗。

呜呼！曾国藩可谓十分懂得罗泽南！

第十七章　交友（丙）：胡林翼与曾国藩

◇经世手腕与理财伎俩　◇综核之才，一时冠绝　◇思虑周密，头脑明截，手腕灵活　◇善究精微　◇曾国藩所撰胡林翼挽联

经世手腕与理财伎俩

论军功武勋的伟大，胡林翼不及左宗棠、曾国荃与李鸿章，但论经世手腕、理财伎俩，就不得不特推胡林翼为第一人。曾国藩之所以能收拨乱反正的全功，虽是由于左宗棠、曾国荃、李鸿章三人的武功，但胡林翼担任后勤，办理军饷，讲求安国利民之计，其功绩之大，当时诸将无人能及，所以胡林翼与曾国藩并称为中兴名臣。

胡林翼字贶生，号润之，湖南省长沙府益阳县人，嘉庆九年壬申（1804年）六月五日出生，咸丰十一年辛酉（1861年）八月二十六日薨于武昌节署，终年五十岁。胡林翼一生的本领，载明于曾国藩的《沥陈前湖北抚臣胡林翼忠勤勋绩折》中。

综核之才，一时冠绝

这份奏疏写道：

> 胡林翼由翰林起家……由贵州道员，不及半载，擢署湖北巡抚。当是时，武汉已三次失陷，湖北州县大半沦没……胡林翼坐困于金口、洪山一带，劳身焦思，不特无兵无饷，亦且无官无幕……一钱

一粟，亲作书函，向人求贷……至发其益阳私家之谷以济军食。……攻克武汉，以次恢复黄州等郡县，论者以为鄂省巡抚可稍息肩矣。胡林翼不少为自固之计，悉师越境，围攻九江，又分兵先救瑞州。督抚以全力援剿邻省，自湖北始也。九江围剿年余，相持不下，中间石达开自江西窥鄂，陈玉成自皖北犯鄂者三次，胡林翼终不肯撤九江之围回救本省之急。或亲统一军，肃清蕲、黄，或分遣诸将，驱归皖、豫，卒能克复九江。……浮功甫藏，复奏明以全鄂之力办皖北之贼。迨李续宾覆军于三河，胡林翼先以母丧归籍，未满百日，闻信急起，痛哭誓师，不入衙署，进驻黄州。论者又以李续宾良将新逝，元气未复，但可姑保吾围，不宜兼顾邻封。胡林翼不以为然，惊魂甫定，即派重兵越两千里援解湖南宝庆之围。援湘之师未返，又议大举图皖。……十年春间，大战于潜山、太湖，相继克之。遂定围攻安庆之策，亲驻太湖督剿。本年五月，回援鄂省，病中犹屡寄臣书，缕陈勿撤皖围、力剿援贼之策。故安庆之克，臣前奏推胡林翼为首功。……近世将材，推湖北为最多，如塔齐布、罗泽南、李续宾、都兴阿、多隆阿、李续宜、杨载福、彭玉麟、鲍超等，胡林翼均以国士相待，倾身结纳，人人皆有布衣昆弟之欢。……书问馈遗，不绝于道。每遇捷报之折，胡林翼皆不具奏，恒推官文与臣处主稿。偶一出奏，则盛称诸将之功，而己不与焉。其心兢兢推让僚友、扶植忠良为务。外省盛传楚师协和，亲如骨肉，而于胡林翼之苦心调护，或不尽知。……湖北三次失守，百物荡尽，乙卯、丙辰之际，穷窘极矣。自荆州榷盐，各府抽厘，鄂中稍足自存。胡林翼综核之才，冠绝一时。……胡林翼于七年春间，创议减漕……每年为民间省钱一百四十余万串，为帑项增银四十二万两，又节省提存银三十一万余两。……州县征收正课，不准浮取毫厘，亦不准借催科政诎之名，为滑吏肥私之地。……故湖北瘠区，养兵六万，月费至四十余万之多，而商民不疲，吏治日茂，斯又精心默运，非操切之术所得与也。

　　论军功武勋的伟大，胡林翼不及左宗棠、曾国荃与李鸿章，但论经世手腕、理财伎俩，就不得不特推胡林翼为第一人。曾国藩之所以能收拨乱反正的全功，虽是由于左宗棠、曾国荃、李鸿章三人的武功，但胡林翼担任后勤，办理军饷，讲求安国利民之计，其功绩之大，当时诸将无人能及，所以胡林翼与曾国藩并称为中兴名臣。

由此可知，胡林翼不但军功武勋赫赫，还富有经世手腕与理财伎俩。

思虑周密，头脑明截，手腕灵活

曾国藩的本色是度量阔大，襟怀磊落，理想高洁，而胡林翼的本色则是思虑周密，头脑明截，手腕灵活，能够不动声色，将天下置于泰山之安。

善究精微

曾国藩的德行有盘根错节之处，胡林翼的才干则以快刀斩乱麻；曾国藩善于了解大局，胡林翼善于细究精微；曾国藩以知人用人显其长，胡林翼则以理财治民显其长。胡林翼说：

> 言战不如言守，用兵不如用民。用民力以自卫，尤不如先用地利以卫民。（咸丰二年请通饬修筑碉堡）

他又说：

> 刘晏所以得理财之要，在引用士人。一语此取，以与汉唐宋之季世苛商而病民者异也。（咸丰七年与陈秋门书）

又说：

> 钱财之事，治世与乱世相同，只要一心向公，则贫立可支；一心为私，则富亦不可为。（咸丰十年致李方伯书）

又说：

> 仅带兵而吏治不饬，民生无依，即日杀千贼无补大局。（致李方伯书）

由此可知胡林翼经世的见识有出群之处。至于忠诚一片，先天下之忧而忧，后天下之乐而乐的精神，则二人未尝不相同。左宗棠《祭胡文忠公文》中写道：

曾侯觥觥，当世所宗。公与上下，如云如龙。养士致民，恤农通商。敛此大惠，施于一方。

这种评价可谓切合实际。

曾国藩所撰胡林翼挽联

曾国藩赠胡林翼的联句写道：

舍己从人，大贤之量；推心置腹，群彦所归。

由此可知曾国藩对他的推重。又，曾国藩挽胡林翼联写道：

逋寇在吴中，是先帝与荩臣临终恨事；荐贤满天下，愿后人补我公未竟勋名。

此联写尽了他对胡林翼的痛惜。

第十八章　交友（丁）：左宗棠与曾国藩

◇左宗棠与李鸿章　◇军功武勋凌驾于李鸿章之上　◇湖南派的代表人物　◇南方的重镇　◇门庭萧条　◇特色

左宗棠与李鸿章

曾国藩门下俊才辈出，其名耀一代者不可胜数，而其丰功伟绩卓越于当世，其文武智勇兼优，声望势力几乎相匹敌者，不得不推左宗棠与李鸿章。

军功武勋凌驾于李鸿章之上

左宗棠征讨太平军时，其沉毅坚忍非李鸿章所及。咸丰初年，左宗棠为湖南巡抚张亮基的幕客，始赞军事，后为骆秉章所任用，最后跟随胡林翼、曾国藩，展其骥足，百战功劳，在当时诸将中，除曾国荃以外无人可及。李鸿章平定江苏的功劳虽大，但他有常胜军的势力，有武器弹药的供给，也有粮饷金谷的便利；而左宗棠转战于鄂湘闽浙之间，苦于粮饷不足，是李鸿章无法相比的。李鸿章荡平捻军的勋劳非为不伟，但左宗棠悬军千里，身为陕甘总督征讨回民军，也是李鸿章不能相比的。所以，若以军功武勋而论，左宗棠凌驾于李鸿章之上。胡林翼与曾国藩之所以看重左宗棠，绝非偶然。胡林翼说：

左宗棠精熟方舆，晓畅兵略。

　　左宗棠征讨太平军时，其沉毅坚忍非李鸿章所及。咸丰初年，左宗棠为湖南巡抚张亮基的幕客，始赞军事，后为骆秉章所任用，最后跟随胡林翼、曾国藩，展其骥足，百战功劳，在当时诸将中，除曾国荃以外无人可及。

曾国藩在《请将左宗棠改为帮办军务片》中写道：

> 候补三品京堂左宗棠……以数千新集之众，破十倍凶悍之贼，因地利以审敌情，蓄机势以作士气，实属深明将略，度越时贤。

又，曾国藩在与鲍春霆书中写道：

> 左公谋画（划）精密，远出国藩与胡宫保之上。

对左宗棠称赞备至。

左宗棠的长处并非文治经论，而在军务；并非外交手段，而在将略；并非识见之高，而在胆力之大；并非学殖之深，而在意志之健；并非才艺之美，而在精力之壮。所以，他经世的见识和经世的手腕，不得不略输李鸿章一筹。作为曾国藩的后任，直隶总督的位置没有归于左宗棠，而是归于李鸿章，绝非偶然。

湖南派的代表人物

曾国藩死后，湖南派的代表者为左宗棠、曾国荃二人。这两人的性质并不相同，所以不相一致，但他们分领湖南派与安徽派对峙，却是事实。

南方的重镇

李鸿章结托恭亲王，任内阁宰相、直隶总督，成为北方的重镇；而左宗棠结托醇亲王，任内阁宰相、两江总督，成为南方的重镇。李鸿章代表进步主义，看重外政；左宗棠代表保守主义，看重军政。左宗棠未必偏向守旧主义，临终的奏闻中有铺设铁道、制造兵器一节，足见其洋务的见识；但李鸿章根据畿辅的形势，网罗国内外的俊才作为自己的股肱幕僚，专门操纵与列国的外交，制造机器，开办学校，组织陆军，编制海军，整理海防，其势力俨然有一敌国之观，所以尽管左李齐名，而湖南派的势力仍然为安徽派压过一头。

门庭萧条

从个人的品格而论，左宗棠资性沉毅，办事果断，廉洁而重信义，处事刚明，光明磊落，因此而有声望，有信用，为李鸿章所不能及。左宗棠死后，遗族穷困一时，足可以想见其平生门庭萧条。这是左宗棠存有曾国藩遗风之处，也可谓他的特色。

特色

左宗棠少年时代有联句云："身无半亩，心忧天下；读破万卷，神交古人。"自己解释道："卅年前作此语以自夸，试为儿童诵之，颇不免惭赧之意。然志趣固不妨高也，安得以德薄能少谓子弟不可学老夫少年之狂哉。"以此可知其平生抱负所在。他性格耿介，不欲苟合。晚年与曾国藩论及时事，意见不能完全一致。任两江总督时，对曾国藩的所为多所更革，可知其特色所在。左宗棠薨于光绪十一年乙酉（1885 年）七月，终年七十四岁。天子震悼，赐谥文襄。

第十九章　交友（戊）：李鸿章与曾国藩

◇曾国藩肘下第一人　◇毕生事业基于曾国藩　◇曾李性格不同　◇有如管仲之于鲍叔　◇对曾国藩如敬神明　◇贤良寺

曾国藩肘下第一人

胡林翼与李鸿章都是状貌英伟，眼光岩岩有威棱，踔厉风发，果断力行，缓急疾徐，莫不中节，但二人本领不同。胡林翼是与曾国藩并排前进，李鸿章则完全处在曾国藩的肘下。

毕生事业基于曾国藩

李鸿章之于曾国藩，与其说是朋友，不如说有弟子的干系。事实上，李鸿章一生的事业，莫不以曾国藩为基础。

李鸿章未得志时，身在曾国藩帷幕之中，砥砺道义，练习兵机。日久之后，一旦奉命，组织淮军，仅以一年平定江苏，是因为曾国藩统筹大局，令曾国荃在上游包围金陵，以牵制敌势。李鸿章继曾国藩之后征讨捻军，根据老师制定的作战计划，坚忍不拔，仅以一年就歼灭了十余年来猖獗的流寇，因为曾国藩在江南担任后方勤务，使他无内顾之忧。岂止如此，李鸿章一生的事业莫不是从曾国藩学来的。他对待部将遵循曾国藩的办法，爱之不啻于骨肉；他网罗人才，能够容纳而任用；他着眼于国家大局，讲求洋务经纶之计；他度量阔大，清浊并吞，大事不糊涂，小处无渗漏。所有这些，都得之于曾国藩所教不小。所以，李鸿章记载道：

李鸿章之于曾国藩，不啻管仲之于鲍叔，韩信之于萧何。我们可以说，有了曾国藩，才会有李鸿章。尽管李鸿章平生接人待物极为傲慢，往往俯视一切，冷嘲痛骂，加以揶揄播弄，对曾国藩却事之如严父，敬之如神明，其恭谦不可知其然。

公所谋议，思虑深远。进规中原，议筑长墙以制流寇；策西事，议清甘肃而后出关；筹滇黔，议以蜀湖两省为根本；皆初立一议，数年之后事之成否足如其说，而驭夷为尤著。

鸿章少从公问学，又相从于军旅，与闻公谋国之大者。

由此足知李鸿章如何私淑于曾国藩的经纶。

不仅如此。李鸿章的志业品行及生活，也莫不是向曾国藩学来的。他的起居饮食有一定时刻，以早起为家法，节饮食而注意养生，勤俭朴素不主浮华，接见来客不问内外亲疏，遇事不畏难，以取巧为耻，身体力行，言行一致，坐言起行，所有这些方面，李鸿章几乎与曾国藩无异。

曾李性格不同

曾国藩与李鸿章性格不相同，一方以德量渊深为胜，另一方以机略纵横为胜；一方以学术纯正、识见高明为胜，另一方则以手腕敏捷、才干雄健为胜。曾国藩规模伟大，人格崇高，为李鸿章所远不及，但李鸿章也有自己的本领，即不论遇到怎样的大难，他都毅然挺身而当之，未尝避其实任。曾国藩缺乏英雄磊落的气宇，却有大人儒雅的风格；李鸿章欠缺大人儒雅的风格，却富有英雄磊落的气宇。

有如管仲之于鲍叔

李鸿章之于曾国藩，不啻管仲之于鲍叔，韩信之于萧何。我们可以说，有了曾国藩，才会有李鸿章。

对曾国藩如敬神明

所以，尽管李鸿章平生接人待物极为傲慢，往往俯视一切，冷嘲痛骂，加以揶揄播弄，对曾国藩却事之如严父，敬之如神明，其恭谦不可知其然。因此，李鸿章在《曾相六十寿》中写道：

　　一身而属亿万众之计，一人之生而关国家数百年之运，道德之盛，功烈之崇，学问文章之懿，又并集于一人之身，而皆可以为天下后世，则自天地剖判以至今日能及是者，穷宇宙盖乃数人而止耳。且以生民之众、古今万禩之遥而及是者，曾不过数人。是其人固数百千岁而一见者也。夫天既累数百千岁郁积之气，以笃生此一人，则其人必皆期愿寿耆至耄而不衰，然后克成一代之烈，而泽乃遍洽于天下。盖凡人之生也，自少而壮，则贵其膂力之强，智虑之精。至于五十六十，则且老而衰矣。若夫名德巨人，则其年耆益高，而德业乃日盛而未已，即身阅乎天下之故，日以博而踏乎仁义者，日熟以精，即天下之归依之也亦日以固，谟诰所纪，雅颂所歌，曰耆长，曰黄发，曰耆寿，俊若古有之伯益，历唐虞至于夏后启伊夫相汤与仲壬外丙以及太甲，周之召公毕公之伦，与文武成唐相终始，旷千岁而一遇，老寿而益系重于世，何其盛欤。然则虽其在百世之上，犹爱慕如不克见，况其并世而生，又重以师友之谊，且复幸从其后，赞襄以成盛烈。顾一旦值其称寿之日，独悬隔万里之外，不获躬跻座末，以举一觞，于私心则能已乎？是鸿章于湘乡相国夫子之阅寿六十，所以怦怦欲为一言者也。

由此可谓推重备至。

贤良寺

　　李鸿章在北京时，常寓居贤良寺，因为曾国藩在江南平定后入京寓居于此。李鸿章于曾国藩，又岂止是弟子与老师的关系！

第二十章　人物

曾国藩与西乡南洲

曾国藩与西乡南洲，其人物虽各不相同，但在某些方面有相似之处。他们的相似之处在于，虽无丰富的政治手腕，却有宏阔的气宇，容人的雅量，清浊并吞；他们未必长于攻城野战，却善于收揽将士的心；他们的相似之处还在于，论功推让于人，任劳归为己责；奉身清俭，持心光明，无一点所蔽。不过，曾国藩的学问文章之美，识见之高，经纶之大，是南洲所不能及的。

曾国藩与大久保甲东

曾国藩与大久保甲东也有相似之处，即临事谨慎不苟，持身谨严，不逸绳墨；看重责任，迈往勇进，不避祸患，不辞谤议；存心于公事，清廉洁白，一毫无私；通经纶大纲，善谋善断；极难之际，坚韧不拔，镇定精详，发莫不当。但论知人之识，容众之量，礼贤下士之度，知止知足之德，甲东就不可望曾国藩的项背了。

曾国藩与木户松菊

曾国藩与木户松菊也有相似之处。他们都有先天下之忧而忧，后天下之乐而乐的精神；他们都是经纶腹满，入疏入细；头脑明透，通大通小；议论精确，智虑周密，剀切穷究事理；襟怀洒然，爱客下士；开诚布公，重视清议舆论；至诚恫恻，爱君忧民，鞠躬尽瘁，死而后已。但是，若论雅量宏度，网罗群雄，将兵将将，统筹全局，宏济艰难，则松菊毕竟不如曾国藩了。

欠缺国民性精神

日本帝国的维新事业，由南洲、甲东、松菊三杰而成就；中华帝国的维新事业则未由曾国藩成就，但未必是因为曾国藩其人比此三杰差，而是由于清朝的国民性精神非常欠缺。

促使革命经世家的兴起

曾国藩去世以后，至此已有三十余年，清朝中兴事业已朽，纪纲坠地，列国虎视眈眈，压迫四疆。然而，不知时势会不会促使革命经世家的兴起，草莽之间，会不会有人跟随在曾国藩之后，鼓舞国民的精神，统合四亿人民，完成中华帝国的维新大业呢？

第二十一章　教训

◇三朝将相推前辈　◇领袖中兴第一人　◇国士的百代典型　◇曾国藩的经验之谈　◇圆满灵活，活泼泼地　◇自主自强的人　◇中华国民的精神腐败　◇赖以生存的精神教训

三朝将相推前辈

沈秉成有诗吟道：

天生耆耇中兴年，功并皋夔寿偓佺。诞降特钟衡岳秀，文章早著玉堂编。三朝将相推前辈，四海人才属后贤。手种公门桃李遍，澧兰沅芷受恩先。

领袖中兴第一人

陈钟英有诗吟道：

忧时白发满纶巾，驻幄筹边笔有神。谢傅威名惊草木，汾阳寿考动星辰。安危天下无双士，领袖中兴第一人。试问元勋从古有，谁家兄弟画麒麟？

所谓三朝将相推前辈，四海人才属后贤，所谓安危天下无双士，领袖中兴第一人，都道尽了曾国藩的本领，无复余蕴。

赠太傅原任武英殿大学士两江总督一等毅勇侯谥文正曾国藩

曾国藩是彻头彻尾自主自强之人，是顶天立地、独立独行之人，是忠积于平日的人物，是勤积于平日的人物，是真实的人，是实言实行的人。

国士的百代典型

曾国藩作为良将、作为经世家的功业，固然足以炳耀一代，但作为国士，曾国藩的确也足为百代的典型。他有圆满浓厚的常识，高尚深奥的理想，皎洁崇高的品性，谨严清廉的制行，明透精确的识见，空阔远大的度量，而这些大人君子的品格，未尝不是国民的模范，未尝不是不朽的教训。无论是盖世的军功武勋，绝代的事业，侯爵的尊贵，大学士的高位，在曾国藩看来，都是过眼烟云。

曾国藩的经验之谈

曾国藩曾说：

> 开国之际，若汉唐之初，异才畸士，丰功伟烈，全系乎天运，而人事不得与其间。至中叶以后，君子欲有所建树以济世而康屯，则天事居其半，人事居其半。以人事与天争衡，莫大乎忠勤二字，能剖心肝以奉至尊，忠至而智亦生焉。能苦筋骸以捍大患，勤至而勇亦出焉。近世贤哲得力于此二字者颇不乏人。忠之积于平日者，自不妄语始；勤之积于平日者，自不晏起始。

这就是曾国藩的经验之谈。

圆满灵活，活泼泼地

曾国藩贯穿一世，圆满灵活、活泼泼地，作为军人，作为政治家，作为诗人，作为文人，作为儒者，莫不得之，成功的经验就在于此。他一言不欺，一行不踏空，作为天下无双之士，作为中兴第一人，成为后人的榜样，国民的教训，也是在于此。

自主自强的人

曾国藩是彻头彻尾自主自强之人，是顶天立地、独立独行之人，是忠积于平日的人物，是勤积于平日的人物，是真实的人，是实言实行的人。

中华国民的精神腐败

呜呼！若要让中华国民精神的腐败不会长久下去，要有第二个曾国藩崛起，开导国民的灵魂，建设新帝国的事业才会有望。

赖以生存的精神教训

曾国藩的历史，对于中国四亿国民，岂非赖以生存的精神教训！

跋

　　壬寅之春，予将著曾国藩传，裁书求一言于小泽天游。天游时养病在岐阜，忽赋一首赠，其诗曰：

　　腥风吹血天若墨，四百余州惨无色。七十二城皆犬豚，蹶起谁能讨此贼。一朝猛虎啸，山岳为摇动。骄龙毙，堆败麟，云雾散，日月新。借问拨乱反正识是谁，东邦之伟人姓曾名国藩。

　　朗吟数过，予窃感天游之意气未衰也。后逾月天游之讣至，实三月廿一日也。予于是怅然久之曰：呜呼，此诗终为绝笔，悲夫！天游少壮学武，棱棱风骨，落落胸襟。每酒酣兴旺，喜谈亚细亚经纶之策。一旦发愤，孤剑飘然，游禹域，与志士烈夫缔交，将一吐胸中磊块之气于大陆广莫之野，不幸罹病乃归，辗轲不遇，悲歌慷慨，终赍雄志溘焉逝矣。可胜叹乎哉。今国藩传既成，将付之剞劂，因揭其诗以寓古人挂剑之意。呜呼，天游而有知，则一笑于无何有之乡乎，否乎。

明治癸卯暮春
紫山川崎三郎识